なるほど なっとく

宗の基本を学ぶ ——

Q & A

②

なるほどなっとく Q＆A ②　もくじ

凡　例

1、本書は、『妙教』誌に掲載された「なるほどなっとくQ＆A」を抄録したもので、適宜に加筆しました。

2、難解な引用文には、できるかぎり通釈を加えました。

3、本文中に用いた文献の略称は、次の通りです。

御　　書 ― 平成新編日蓮大聖人御書（大石寺版）
法 華 経 ― 新編妙法蓮華経並開結（大石寺版）
歴　　全 ― 日蓮正宗歴代法主全書（大石寺版）

Q. 御授戒《ごじゅかい》ってな〜に？

A 日蓮正宗《にちれんしょうしゅう》に入信《にゅうしん》するための儀式《ぎしき》です

日蓮正宗《にちれんしょうしゅう》では、入信《にゅうしん》する際《さい》、寺院《じいん》に参詣《さんけい》し御授戒《ごじゅかい》を受《う》けます。授戒は日蓮正宗への入信にあたり、一切《いっさい》の謗法《ほうぼう》を捨《す》てて、日蓮大聖人《にちれんだいしょうにん》さまの教《おし》えを信じ、三大秘法《さんだいひほう》の仏《ぶっ》法《ぽう》を受持《じゅじ》することを御本尊《ごほんぞん》さまに誓《ちか》う儀式《ぎしき》です。

御授戒のながれ

はじめに、読経《どきょう》・唱題《しょうだい》をします。続《つづ》いて、御授戒を受ける人（受戒者《じゅかいしゃ》）は、ご僧侶《そうりょ》の前にすすんで合掌《がっしょう》し、授戒文《じゅかいもん》を受《う》けます。

受戒者はご僧侶の声《こえ》に合《あ》わせて「持《たも》ち奉《たてまつ》るべし　南《な》無《む》妙《みょう》法《ほう》蓮《れん》華《げ》経《きょう》……」とお題《だい》目《もく》を三唱《さんしょう》しながら、ご僧侶が手に持《も》たれる御本尊《ごほんぞん》さまを頭《あたま》に頂戴《ちょうだい》します。

授戒文は、むずかしい言葉《ことば》が続《つづ》きますが、簡単《かんたん》にいうと「大聖人《だいしょうにん》さまの教《おし》えを守《まも》

り、正直《しょうじき》に御本尊さまを信じて、お題目を唱《とな》えていきますか？」との内容《ないよう》で、これに対《たい》して受戒者《じゅかいしゃ》は「はい、しっかりと信心していきます」とお誓《ちか》い（約束《やくそく》）します。

受持《じゅじ》が大切《たいせつ》

日蓮正宗《にちれんしょうしゅう》では、入信《にゅうしん》するすべての人が御授戒《ごじゅかい》を受《う》けます。そして、大聖人《だいしょうにん》さまの教《おし》えにしたがって御本尊《ごほんぞん》さまを信じ、勤行《ごんぎょう》・唱題《しょうだい》していくこと（受持《じゅじ》）が、そのまま戒《かい》を持《たも》つことになります。これを「受持即持戒《じゅじそくじかい》」といいます。

また、この戒は「金剛宝器戒《こんごうほうきかい》」といいます。これは、いちど誓《ちか》ったならば、たとえ途中《とちゅう》で信心《しんじん》をやめてしまっ

むずかしい仏教用語　受持《じゅじ》

御本尊さまを信じて、南無妙法蓮華経と唱えること。

たとしても、戒は破《やぶ》られず、やがて戒の徳《とく》があらわれて、正法《しょうぼう》にふたたびめぐり合《あ》い、成仏《じょうぶつ》することができるという、とてもすばらしい戒なのです。

大聖人さまは、

「御授戒を受けて信心を始《はじ》めるのはたやすいが、それを続《つづ》けていくことはむずかしい。幸《しあわ》せになるために大切《たいせつ》なのは、途中でやめず信心を持続《じぞく》していくことである」

（四条金吾殿御返事《しじょうきんごどののごへんじ》・御書《ごしょ》七七五ページ取意《しゅい》）

と仰《おお》せです。この大聖人さまのお言葉《ことば》どおりの信心ができるよう、心がけていきましょう。

おぼえたい ことば

金剛宝器戒《こんごうほうきかい》

勧誡式《かんかいしき》とは

　この信心《しんじん》から途中《とちゅう》で離《はな》れてしまったあとに、ふたたび日蓮正宗《にちれんしょうしゅう》の信心にもどる時には、勧誡式《かんかいしき》を受《う》けなければなりません。

　いま、勧誡式を受けなければならない人のなかに、多《おお》くの創価学会員《そうかがっかいいん》がいます。この人たちは、昔御授戒《むかしごじゅかい》を受けたのですが、日蓮正宗の信心から離れてしまいました。そこで、みなさんのお父さんやお母さんは、法華講《ほっけこう》の方々《かたがた》と力をあわせて、縁《えん》のある学会員に「創価学会は、間違《まちが》っています。勧誡を受けて、一緒《いっしょ》に正しい信心をしましょう！」と声をかけ、折伏《しゃくぶく》にがんばっています。

たいせつなポイント　勧誡《かんかい》

　勧誡とは「誡《いまし》めて勧《すす》める」ということです。つまり、信心をやめてしまったことを誡め反省《はんせい》させて、あらためて大聖人さまの正法《しょうぼう》を受持することを勧める、という意味《いみ》です。

親《しん》せきのおじさんやおばさんなどのなかに、創価学会の人たちはいませんか？　もしいたならば、「一緒《いっしょ》にお寺《てら》へ行《い》こう！」と誘《さそ》ってください。そのひとことが、尊《とうと》い折伏行《しゃくぶくぎょう》となります。みなさんも、すすんで声をかけていきましょう。

おわりに

みなさんの多《おお》くは、御授戒《ごじゅかい》のようすをおぼえていないと思《おも》います。でも、みなさんは御本尊《ごほんぞん》さまに「しっかりと信心《しんじん》していきます」とお約束《やくそく》し、そのことは頭《あたま》ではなく「心」が、おぼえているのです。

信心は続《つづ》けることが大切《たいせつ》です。けっして、途中《とちゅう》でやめてしまわないよう、毎日《まいにち》の勤行《ごんぎょう》・唱題《しょうだい》を、しっかりと行《おこな》っていきましょうね。

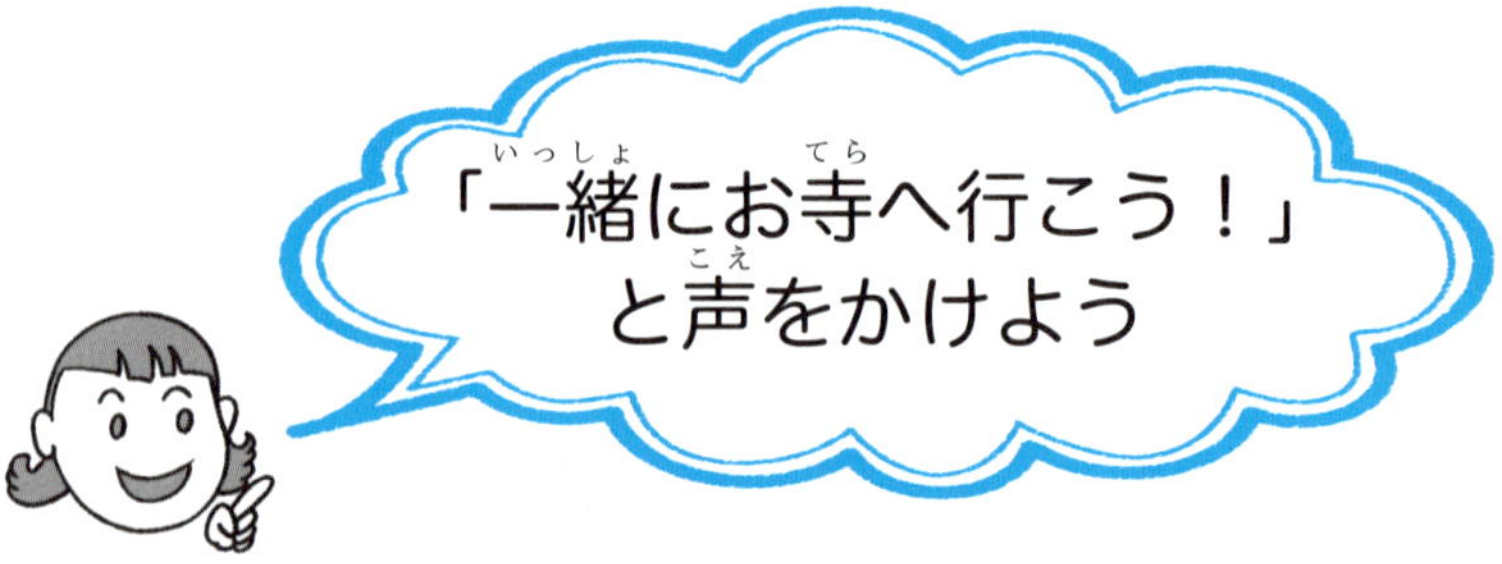

Q. 順縁《じゅんえん》と逆縁《ぎゃくえん》ってな〜に？

A 仏《ほとけ》さまの教《おし》えを素直《すなお》に聞《き》く人と、そうでない人のことです

信心《しんじん》の話を聞いた時、素直《すなお》に日蓮正宗《にちれんしょうしゅう》の教《おし》えを信じる人を「順縁《じゅんえん》」といいます。

これに対《たい》して「逆縁《ぎゃくえん》」とは、折伏《しゃくぶく》されても信じることなく、かえって日蓮正宗の悪口《わるぐち》を言ったりして逆《さか》らい、

謗法《ほうぼう》を重《かさ》ねていくのですが、のちにその罪《つみ》が逆《ぎゃく》に仏縁《ぶつえん》となっていくことをいいます。つまり、順《じゅん》の反対《はんたい》（逆）ということです。

このような人々は、謗法の罪《つみ》によって長く悪道《あくどう》に堕《お》ちて苦《くる》しみを受《う》けなければなりません。しかし、一度《いちど》でも妙法《みょうほう》の話を聞《き》いた縁は消《き》えることなく、その人の命に残《のこ》っているので、その仏縁により、やがて成仏《じょうぶつ》することができるのです。これを「逆縁《ぎゃくえん》」といいます。

毒鼓《どっく》の縁《えん》

逆縁《ぎゃくえん》は「毒鼓《どっく》の縁《えん》」ともいいます。

毒鼓とは、涅槃経《ねはんぎょう》というお経《きょう》に説《と》かれている譬《たと》え話で

す。そこには、

「毒《どく》を塗《ぬ》った太鼓《たいこ》を打《う》つと、その音を聞《き》く気持《きも》ちがない人の耳《みみ》にも自然《しぜん》に入っていき、太鼓の音を聞いた人はその毒によって死《し》にいたる」

と説《と》かれています。

この譬え話は、相手《あいて》がなにも聞きたくないと耳をふさいだとしても、正法《しょうぼう》を強《し》いて言い聞かせて（折伏《しゃくぶく》して）、正法との縁を結《むす》ばせる。それによって、相手が悪口《わるぐち》を言ったり反発《はんぱつ》したとしても、やがてはこれが縁となって救《すく》われることを説いているのです。

ここで大切《たいせつ》なことは、どんな人にも仏《ほとけ》さまの教えを「話す」ということです。私たちが折伏した場合、素直《すなお》に信じる人（順縁《じゅんえん》）と、そうでない人（逆縁）がいます。す

むずかしい仏教用語

毒鼓《どっく》の縁《えん》

毒鼓《どっく》の音を聞いた者は皆《みな》死ぬとは、無明《むみょう》（煩悩《ぼんのう》）が消滅《しょうめつ》することをいい、逆縁《ぎゃくえん》の功徳《くどく》を教《おし》えている。

ぐに入信《にゅうしん》に導《みちび》くことができればとてもうれしいことですが、ときには、信心に反対《はんたい》する人から悪口を言われたり、いやな顔をされたりすることもあるでしょう。

しかし日蓮大聖人《にちれんだいしょうにん》さまは、

「とにかく正しい仏法《ぶっぽう》の話を強く説《と》いて聞かせなさい。それを信じる人は幸《しあわ》せになれるし、反発して悪口を言うような人であっても、毒鼓の縁となって、やがては成仏《じょうぶつ》し幸せになれるのである」

（法華初心成仏抄《ほっけしょしんじょうぶつしょう》・御書《ごしょ》一三一六ページ取意《しゅい》）

と仰《おお》せです。

末法《まっぽう》という今の時代《じだい》は、大聖人さまの教えを信じてお題目《だいもく》を唱《とな》えていかなければ、けっして幸せになれないのですから、たとえ相手が嫌《いや》がったとしても、真心《まごころ》を込《こ》めて根気《こんき》よく折伏していきましょう。

不軽菩薩《ふきょうぼさつ》の修行《しゅぎょう》

法華経《ほけきょう》には、不軽菩薩《ふきょうぼさつ》の修行《しゅぎょう》の姿《すがた》が説《と》かれています。不軽菩薩とは、すべての人には「仏性《ぶっしょう》（仏《ほとけ》さまの命《いのち》）」がそなわっていることから、どんな人にも手を合わせて拝《おが》む修行をした菩薩のことです。

この不軽菩薩は、あらゆる人々に向かって手を合わせ、「私は深《ふか》くあなた方を敬《うやま》います。あなた方は、みな菩薩の修行をすることによって必《かなら》ず仏になる方です」と説いて、頭をさげ続《つづ》けたのでした。

すると、とつぜん合掌《がっしょう》された人々は「いい加減《かげん》なこと

おぼえたい ことば

不《ふ》軽《きょう》菩《ぼ》薩《さつ》

を言いふらすやつだ」と、不軽菩薩に対《たい》して石を投《な》げつけたり、杖《つえ》で打《う》ったりして責《せ》めたてたのです。

しかし、不軽菩薩はその修行をけっしてやめませんでした。

その結果《けっか》、石を投げつけた人々は、地獄《じごく》に堕《お》ちたのち、たいへん長い時間はかかりましたが、不軽菩薩のおかげで成仏《じょうぶつ》の境界《きょうがい》に至《いた》ることができたのでした。これは、まさに不軽菩薩が折伏《しゃくぶく》を行《ぎょう》じて、逆縁《ぎゃくえん》の衆生《しゅじょう》を救《すく》った尊《とうと》い姿《すがた》に他《ほか》なりません。

このことは、正法《しょうぼう》を弘《ひろ》めるには、

相手《あいて》がどのような人であっても尊敬《そんけい》し礼儀《れいぎ》を尽《つ》くして、あきらめずに折伏し続《つづ》けることが大切《たいせつ》であることを教《おし》えています。

まとめ

末法《まっぽう》においては、大聖人《だいしょうにん》さまの教《おし》えを真心《まごころ》を込《こ》めて、とにかく説《と》き聞かせることが大事です。

その結果《けっか》、正法《しょうぼう》を素直《すなお》に聞き入れた順縁《じゅんえん》の人々は、勤《ごん》行《ぎょう》・唱題《しょうだい》や折伏《しゃくぶく》に励《はげ》むことによって幸せになることができます。また、正法を受《う》け入れずに誹謗《ひぼう》する人であっても、それが毒鼓《どっく》の縁《えん》となって、遠い未来《みらい》において大聖人さまによって救《すく》われていくのです。

それだけ、大聖人さまの仏法は尊《とうと》くありがたい教えなのですから、私たちは根気《こんき》よく折伏《しゃくぶく》を行《ぎょう》じて、あらゆる人を御本尊《ごほんぞん》さまの元《もと》へ導《みちび》いていきましょう。

Q. 火の信心《しんじん》と水の信心《しんじん》ってな〜に？

A

**火の信心《しんじん》とは、熱《ねっ》しやすく冷《さ》めやすいこと、
水の信心とは、常《つね》に変《か》わらず持続《じぞく》することです**

日蓮大聖人《にちれんだいしょうにん》さまは、私たちの信心《しんじん》のあり方《かた》について、

「今の時、法華経《ほけきょう》（大聖人さまの教《おし》え）を信じる人のなかには、火のように信じる人もいる。あるいは水のように信じる人もいる。火のように信じる人と

は、仏法《ぶっぽう》の話を聞《き》いた時は、一生懸命《いっしょうけんめい》信心しようと燃《も》え立つように思うけれども、時間が経《た》ったり、お寺《てら》から遠《とお》ざかってしまうと、信心を捨《す》ててしまう心が出てくる。水のように信じるとは、いつも変《か》わることなく、退《しりぞ》かずに信心することである」

（上野殿御返事《うえのどのごへんじ》・御書《ごしょ》一二〇六ページ取意《しゅい》）

と、「火の信心」と「水の信心」のふた通《とお》りがあると仰《おお》せられています。

はじめに、火の信心とは、燃えあがる炎《ほのお》のように一時《いっとき》は信心に励《はげ》みますが、長続《ながつづ》きせずに消《き》えてしまう、熱《ねっ》しやすく冷《さ》めやすい信心状態《じょうたい》のことです。

たとえば、御講《おこう》に参詣《さんけい》してご住職《じゅうしょく》の法話《ほうわ》をお聴《き》きした時は、「よし、やるぞ！」と決意《けつい》して、少しの間は猛烈《もうれつ》な勢《いきお》いで活動《かつどう》に励むのですが、しばらく経《た》つと火が消えてしまったようにパッタリと活動しなくなってしまう。このような姿《すがた》は火の信心です。

これに対《たい》して、水の信心とは、清流《せいりゅう》が絶《た》え間《ま》なく流《なが》れるように、あるいは清《きよ》らかな水がこんこんと涌《わ》き出てくる泉《いずみ》のように、常《つね》に変《か》わらず持続《じぞく》する信心状態のことです。また、流れている水はいつも新鮮《しんせん》ですが、流れが止《と》まれば淀《よど》んでしまい、水はやがて腐《くさ》ってしまいます。つまり、止まらないということが重要《じゅうよう》なのです。

この二つの信心状態のなかで、私たちは水の信心を心がけなければなりません。

大聖人さまのお言葉に、

「人の心は変わりやすい。すぐに善悪《ぜんあく》にそまってし

まう」（西山殿御返事《にしやまどのごへんじ》・同一〇七二ページ取意《しゅい》）

とあるように、私たちの心はコロコロと移《うつ》ろいやすく、さまざまな縁《えん》によって善《よ》いほうにも悪いほうにも揺《ゆ》れ動《うご》いてしまいます。

だからこそ、なにがあっても惑《まど》わされることのないように、日ごろから勤行《ごんぎょう》を欠《か》かさず行《おこな》い、御本尊《ごほんぞん》さまを根《こん》本《ぽん》とする水の信心を実践《じっせん》することが大切《たいせつ》なのです。そうすれば、幸せな人生《じんせい》を歩《あゆ》んでいくことができるのです。

継続《けいぞく》は力なり

信心以外《いがい》のことであっても、水が流《なが》れるように続《つづ》けていくことは、とても大切《たいせつ》です。

私たちはみな、夢《ゆめ》や希望《きぼう》を持っています。それらを実《じつ》現《げん》するために必要《ひつよう》なことは、まず一歩《いっぽ》をふみ出すこと。そして、その一歩から次《つぎ》の一歩へと確実《かくじつ》に進《すす》んでいくことが大事《だいじ》なのです。みなさんも夢に向《む》かって、いつも変《か》わらず続けていくことを心がけてほしいと思います。

大聖人《だいしょうにん》さまは、

「塵《ちり》も積《つ》もれば山となる。小さなことでも一歩一歩、確実に進めていくことが重要である」

（衆生身心御書《しゅじょうしんしんごしょ》・御書《ごしょ》一二一六ページ取意《しゅい》）

と仰《おお》せです。まさに「継続《けいぞく》は力なり」です。誰《だれ》も見ていなくても、コツコツと努力《どりょく》をしていくことによって、ふと気づいた時には大きく成長《せいちょう》をしているものです。

夢や目標《もくひょう》を実現するためにも、信心を止《と》めることなく、

おぼえたい ことば

水の信心

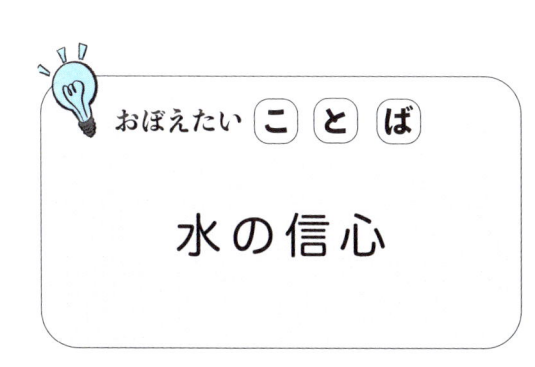

いつも流《なが》れ続《つづ》ける水の姿《すがた》をお手本《てほん》として、日々《ひび》努力をしていきましょう。

水の信心をめざそう

うれしい時も悲《かな》しい時も、いつも同じように勤行《ごんぎょう》・唱題《だい》をする。そして、毎月《まいつき》の御講《おこう》に欠《か》かさず参詣《さんけい》できるようになれば、なにか問題《もんだい》がおきてもビクともしない、強い人間になることができます。

楽しく、充実《じゅうじつ》した毎日を送《おく》れるように、水の信心をめざしていきましょうね。

Q. なぜ神社《じんじゃ》にお参《まい》りしてはいけないの？

A 私《わたし》たちに災《わざわ》いをもたらす悪《わる》い鬼《おに》や魔神《まじん》が住《す》みついているからです

最近《さいきん》、アナウンサーやタレントが町《まち》を散歩《さんぽ》するテレビ番組《ばんぐみ》が多《おお》くなりました。そのなかで、その人たちが散歩途中《とちゅう》で見つけた神社《じんじゃ》に参詣《さんけい》する場面《ばめん》をよく見かけます。

また、正月《しょうがつ》には各地《かくち》の神社に参詣する人が大勢《おおぜい》います。

みなさんが住《す》む町にも、きっと神社がたくさんあることでしょう。それもそのはず、国内《こくない》には、小さい規模《きぼ》を含《ふく》めると十万近《ちか》くもの神社があるそうです。あまりの数の多《おお》さに驚《おどろ》いてしまいますね。

では、それらの神社にはなにが祀《まつ》ってあるのでしょうか？

それは、簡単《かんたん》に言えば「神《かみ》」です。しかし、その神も神社によって、さまざまなものがあります。

たとえば「自然神《しぜんしん》」として、山や川、海そのものを神とするものもあれば、キツネやヘビなどの動物《どうぶつ》を祀る神社もあります。

また「神話神《しんわしん》」として、日本の国を作《つく》ったとされる、いざなぎ、いざなみや、日本古代《こだい》の神話に登場《とうじょう》する、天《てん》照大神《しょうだいじん》や八幡大菩薩《はちまんだいぼさつ》などを祀《まつ》る神社もあります。

さらに「人物神《じんぶつしん》」として、歴史上《れきしじょう》の人物である、菅原道真《すがわらのみちざね》や豊臣秀吉《とよとみひでよし》、徳川家康《とくがわいえやす》などを神として祀っているところもあれば、亡《な》くなった先祖《せんぞ》を神として崇《あが》める神社もあります。

つまり、ひとことで「神」といっても、さまざまな種類《しゅるい》があるのです。

これらの神《かみ》を拝《おが》んでもいいの?

今、例《れい》にあげた「神《かみ》」のなかで、山や川などを対象《たいしょう》としたものは、自然《しぜん》に対《たい》する畏敬《いけい》の念《ねん》や、そこで採《と》れる食物《しょくもつ》の恵《めぐ》みなどから、崇《あが》める対象としたにすぎません。

　また、歴史上《れきしじょう》の人物《じんぶつ》や先祖《せんぞ》などは、立派《りっぱ》なことを成《な》し遂《と》げた偉《えら》い人かもしれませんが、あくまで迷《まよ》いや苦《くる》しみを持《も》つ私たちと同じ人間《にんげん》です。

　つまり「自然神《しぜんしん》」や「人物神《じんぶつしん》」は、信仰《しんこう》の対象とは言えず、それを拝《おが》んでも幸《しあわ》せになれないのです。

仏教《ぶっきょう》で説《と》かれる神《かみ》

　仏教《ぶっきょう》では、天照太神《てんしょうだいじん》や八幡大菩薩《はちまんだいぼさつ》、さらにはインドから伝《つた》わった大梵天《だいぼんてん》、帝釈天《たいしゃくてん》、鬼子母神《きしもじん》などの神《かみ》が説《と》かれています。また、これらの神は、大聖人《だいしょうにん》さまの御書《ごしょ》のなかにもたびたび登場《とうじょう》します。

　それでは、これらの神とは、いったいどういう存在《そんざい》なのでしょうか。
法華経安楽行品《ほけきょうあんらくぎょうほん》には、
「諸天昼夜《しょてんちゅうや》に、常《つね》に法の為《ため》の故《ゆえ》に、而《しか》も之《これ》を
衛護《えいご》す」（法華経三九六ページ）
と説かれています。つまり、それらの諸天《しょてん》（神々）は、正法《しょうぼう》である南無妙法蓮華経《なんみょうほうれんげきょう》（法華経）を信じて修行《しゅぎょう》する人を護《まも》ると仏《ほとけ》に誓《ちか》っているのです。この神のことを「諸天善神《しょてんぜんじん》」といいます。
なぜ、諸天善神がこのような誓いをしたのかというと、諸天善神は、私たちが南無妙法蓮華経と唱《とな》えることによって、その法味《ほうみ》を食《しょく》して力を増《ま》すからです。ですから、正しいお題目《だいもく》を唱《とな》える人たちが増《ふ》えれば、諸天善神はますます力を得《え》ること

になります。

反対《はんたい》に、世《よ》の中に正法《しょうぼう》が弘《ひろ》まらず、謗法《ほうぼう》が広《ひろ》がってしまうとどうなるのでしょうか？

大聖人《だいしょうにん》さまは『立正安国論《りっしょうあんこくろん》』に、

「世《よ》皆《みな》正《しょう》に背《そむ》き人《ひと》悉《ことごと》く悪《あく》に帰《き》す。故《ゆえ》に善神《ぜんじん》国《くに》を捨《す》て、相去《あいさ》り、聖人《しょうにん》所《ところ》を辞《じ》して還《かえ》らず。是《ここ》を以《もっ》て魔来《まき》たり鬼《き》来たり、災《さい》起《お》こり難《なん》起こる」（御書《ごしょ》二三四ページ）

と仰《おお》せです。つまり、諸天善神はその力を失《うしな》い、法味を求《もと》めてこの国土を捨てて天上《てんじょう》世界《せかい》に帰ってしまい、空《あ》き家《や》となった神社《じんじゃ》には、悪鬼《あっき》や魔神《まじん》が住《す》みついて、世の中にいろいろな災難《さいなん》を引き起こすのです。

したがって、神社にお参《まい》りするということは、これら悪鬼・魔神の勢力《せいりょく》を増すことにしかならず、不幸《ふこう》になってしまいますから、絶対《ぜったい》に神社へ参詣《さんけい》してはなりません。

信心《しんじん》している人は諸天善神《しょてんぜんじん》に守《まも》られる

私たちが毎日《まいにち》手を合わせている御本尊《ごほんぞん》さまには、天照《てんしょう》太神《だいじん》、八幡大菩薩《はちまんだいぼさつ》、大梵天《だいぼんてん》、帝釈天《たいしゃくてん》などの諸天善神《しょてんぜんじん》の名前が認《したた》められています。そして、先ほど「諸天善神は南《な》無妙法蓮華経《んみょうほうれんげきょう》を唱《とな》える人を守《まも》る」と説明《せつめい》したように、大《だい》聖人《しょうにん》さまの正法《しょうぼう》を信じてお題目《だいもく》を唱える私たちを守ってくださっているのです。ですから、私たちは勤行《ごんぎょう》の時に御本尊さまを拝《はい》して読経《どきょう》・唱題《しょうだい》することが大事《だいじ》なのです。

また、朝《あさ》勤行の初座《しょざ》では東を向いて読経しますが、これは諸天善神に法味《ほうみ》を捧《ささ》げる所作《しょさ》なので、しっかり行《おこな》いましょう。

御法主日如上人猊下《ごほっすにちにょしょうにんげいか》ご指南《しなん》

今、皆さん方はわらじを履《は》いてはいないでしょうけれども、昔《むかし》は皆《みな》、わらじ履《ば》きでした。そして、歩《ある》いている時にわらじの紐《ひも》が切れたとしても、たまたまそこが神社《じんじゃ》や他宗《たしゅう》の寺《てら》の前であったら、そこで鼻緒《はなお》を結《むす》んではいけないと教《おし》えられておりました。それはなぜかというと、しゃがんで鼻緒を結び直《なお》す姿が、それらの神社仏閣《ぶっかく》に頭《あたま》を下《さ》げる形《かたち》になり、それは謗《ほう》法《ぼう》となるからです。本宗《ほんしゅう》では、それぐらい厳《きび》しく謗法を誡《いまし》めてきたのであります。

やはり、正しい信心《しんじん》を貫《つらぬ》いていくためには、謗法ということを厳《きび》しく誡めていかなければならないのであります。このことは、正しい信心をしている皆さんは既《すで》によく解《わか》っているでしょうが、そのために邪義邪宗《じゃぎじゃしゅう》を折伏《しゃくぶく》するのであります。

（大日蓮《だいにちれん》・平成26年6月号38ﾍﾟｰｼﾞ）

Q. 宗祖御誕生会《しゅうそおたんじょうえ》ってな〜に？

A 日蓮大聖人《にちれんだいしょうにん》さまのご誕生《たんじょう》をお祝《いわ》いして行《おこな》われる法要《ほうよう》です

仏法《ぶっぽう》においては、釈尊滅後《しゃくそんめつご》（亡《な》くなったあと）の一千年を正法時代《しょうぼうじだい》、次《つぎ》の一千年を像法時代《ぞうぼうじだい》、そのあとを末法《まっぽう》時代と立て分《わ》けます。

釈尊《しゃくそん》は、大集経《だいしっきょう》のなかで、

「私が亡くなったあと、正法・像法の二千年間は、私が説《と》いた教《おし》えに利益《りやく》があるものの、時が経《た》つにつれてその力はだんだんと薄《うす》れてしまう。そして末法時代になると、人々の心が荒《あ》れてきて、争《あらそ》いがさかんになる。そしてついには、私の説いた教えでは人々を救《すく》うことができなくなってしまう」

と説かれ、さらに法華経如来神力品《ほけきょうにょらいじんりきほん》において、

「あたかも太陽《たいよう》や月の光が暗闇《くらやみ》を照《て》らすように、新《あら》たな仏《ほとけ》が多くの人々を救済《きゅうさい》するであろう」（法華経五一六ページ取意《しゅい》）

と予言《よげん》されました。

日本では、平安《へいあん》時代の終《お》わりから鎌倉《かまくら》時代にか

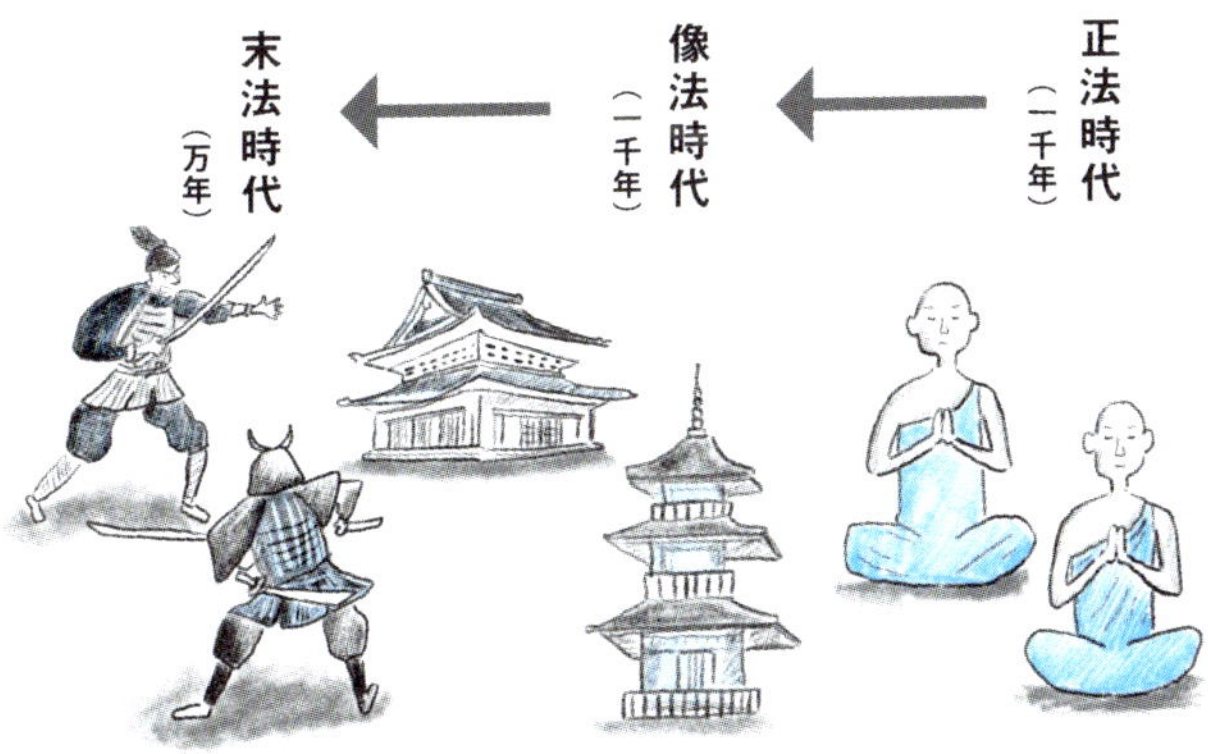

けて、戦《たたか》いや災害《さいがい》、疫病《えきびょう》などによって多くの人が亡くなり、人々は苦《くる》しんでいました。それは、まさにお経文《きょうもん》に説かれる末法の様相《ようそう》そのままでした。

そのようななか、釈尊の言葉通《どお》りに、末法のご本仏《ほんぶつ》として日本に出現《しゅつげん》されたのが日蓮大聖人《にちれんだいしょうにん》さまなのです。

ご本仏《ほんぶつ》の誕生《たんじょう》

大聖人《だいしょうにん》さまは、今から約《やく》八百年前の貞応元《じょうおうがん》（一二二二）年二月十六日、貫名次郎重忠《ぬきなじろうしげただ》を父とし、梅菊《うめぎく》を母として、安房国長狭郡東条郷片海《あわのくにながさのこおりとうじょうのごうかたうみ》（現在《げんざい》の千葉県鴨川市《ちばけんかもがわし》）にご誕《たん》生《じょう》され、幼少《ようしょう》のお名前《なまえ》を善日麿《ぜんにちまろ》といいました。

大聖人さまはご自身《じしん》の出生《しゅっしょう》について、

おぼえたい ことば

正《しょう》法《ぼう》千《せん》年《ねん》

像《ぞう》法《ぼう》千《せん》年《ねん》

末《まっ》法《ぽう》万《まん》年《ねん》

「漁師《りょうし》の子」（本尊問答抄《ほんぞんもんどうしょう》・御書《ごしょ》一二七九㌻取意《しゅい》）
「身分《みぶん》の低《ひく》い家《いえ》から出て僧侶《そうりょ》となった」
（妙法比丘尼御返事《みょうほうびくにごへんじ》・同一二五八㌻取意）

と仰《おお》せられています。

これに対《たい》して、インドの釈尊《しゃくそん》はシャカ族《ぞく》の王子《おうじ》という、高貴《こうき》な身分で誕生されました。

どうして大聖人さまは、低い身分の人としてご誕生されたのでしょうか。

それは「示同凡夫《じどうぼんぶ》」と言って、仏《ほとけ》さまが私たちと同じ立場《たちば》や姿《すがた》で出現し、苦労《くろう》を共《とも》にして多くの人々を本当の幸《しあわ》せへと導《みちび》くお姿を示《しめ》されたからなのです。

当時《とうじ》の二月十六日は、現在の暦《こよみ》では四月六日にあたります。厳《きび》しい冬が終《お》わりを告《つ》げ、あたたかな春の日差《ひざ》し

おぼえたい ことば

示同凡夫《じどうぼんぶ》

のもとに大聖人さまはご誕生されました。まさに、日月《にちがつ》の光明《こうみょう》の徳《とく》をそなえられる、真《しん》の仏さまがご誕生されるにふさわしい季節《きせつ》です。

二月十六日は、大聖人さまが安房《あわ》でご誕生された日ですが、それはまさしく、末法《まっぽう》の人々を救済《きゅうさい》するご本仏《ほんぶつ》が出現《しゅつげん》された、とても意義深《いぎぶか》い日なのです。

不思議《ふしぎ》な夢《ゆめ》

第二祖日興上人《だいにそにっこうしょうにん》さまは『産湯相承事《うぶゆそうじょうのこと》』に、大聖人《だいしょうにん》さまからうけたまわったご誕生時《たんじょうじ》の不思議《ふしぎ》な瑞相《ずいそう》について、次《つぎ》のように記《しる》されています。

母君《ははぎみ》は、お腹《なか》に子供（大聖人さま）を授《さず》かるときに夢《ゆめ》を見ました。

それは、比叡山《ひえいざん》に腰《こし》をかけ、琵琶湖《びわこ》の水で手を洗《あら》い、富士山《ふじさん》から昇《のぼ》った日輪《にちりん》（太陽《たいよう》）を胸《むね》に懐《いだ》いた夢でした。不思議《ふしぎ》に思って父君《ちちぎみ》に話したところ、父君もまた不思議な夢を見たと言うのです。

それは、虚空蔵菩薩《こくうぞうぼさつ》がかわいらしい子供を肩《かた》に乗《の》せて現《あらわ》れたのです。そして、その菩薩が言うには、「この子は上行《じょうぎょう》菩薩であり、将来《しょうらい》はあらゆる人々を救《すく》う大導師《だいどうし》となる方である。この子をあなたに授《さず》けよう」と言って消《き》えてしまったという夢でした。両親《りょうしん》が「不思議なことがあるものだ」と語《かた》り合《あ》ったそうです。

また母君は、大聖人さまのご誕生の日にも、次のような夢を見ました。

一本の青蓮華《しょうれんげ》の花が開《ひら》いて、そこから泉《いずみ》が涌《わ》き出ました。その清水《せいすい》を産湯《うぶゆ》につかい、余《あま》りの水をまわりに注《そそ》ぐと、辺《あた》り一面は金色《こんじき》に輝《かがや》き、まわりの草や木が同時《どうじ》に花を咲《さ》かせ、菓《このみ》が成《な》ったということです。

まことに御本仏《ごほんぶつ》のご誕生にふさわしい、不思議な、壮《そう》大《だい》な夢でした。

五重塔《ごじゅうのとう》のお塔開《とうびら》き

総本山《そうほんざん》御影堂《みえいどう》では、猊下《げいか》さまの大導師《だいどうし》のもと、宗祖御《しゅうそお》誕生会《たんじょうえ》が奉修《ほうしゅう》されたのち、五重塔《ごじゅうのとう》の扉《とびら》を開《ひら》いて読経《どきょう》・唱《しょう》題《だい》する「お塔開《とうびら》き」の法要《ほうよう》が修《しゅう》されています。

ここで、お塔開きの意義をお話ししましょう。
大石寺《たいせきじ》のおもな建物《たてもの》は南向きに建《た》てられていますが、五重塔だけは西向きに建てられています。これは、釈尊《しゃくそん》が説《と》いた仏教《ぶっきょう》がインドから東に向かって伝《つた》わってきたのに対《たい》し、末法《まっぽう》においては、日本の大聖人さまの真実《しんじつ》の仏《ぶっ》法《ぽう》が、今度《こんど》は西へと広《ひろ》がりわたって広《こう》宣《せん》流《る》布《ふ》していく意義《いぎ》が込《こ》められています。

したがって、御誕生会に続《つづ》いて行われるお塔開きは、御本仏大聖人さまのご出現《しゅつげん》と、その仏法が広宣流布するという尊《とうと》い意義を表《あらわ》す儀式《ぎしき》なのです。

Q. 宗旨建立《しゅうしこんりゅう》ってな〜に？

A 大聖人《だいしょうにん》さまが初《はじ》めて南無妙法蓮華経《なんみょうほうれんげきょう》の教《おし》えを世《よ》の人々に説《と》かれたことです

「宗旨建立《しゅうしこんりゅう》」とは、建長《けんちょう》五（一二五三）年四月二十八日に、日蓮大聖人《にちれんだいしょうにん》さまが「南無妙法蓮華経《なんみょうほうれんげきょう》こそが、すべての人々を幸《しあわ》せにする最高《さいこう》の教《おし》えである」と、初《はじ》めて世《よ》の中の人たちに対《たい》して説《と》かれたことをいいます。

ご誕生《たんじょう》・入門《にゅうもん》

大聖人《だいしょうにん》さまは、貞応元《じょうおうがん》（一二二二）年二月十六日、安房国片海《あわのくにかたうみ》（現在《げんざい》の千葉県鴨川市《ちばけんかもがわし》）においてご誕生《たんじょう》になり、幼少《ようしょう》のお名前《なまえ》を善日麿《ぜんにちまろ》といいました。

そのころの日本は、戦争《せんそう》や飢《う》え（食べものがないこと）に苦《くる》しむ人たちがたくさんおり、また多《おお》くの宗派《しゅうは》がこぞってその解決《かいけつ》を祈《いの》っていました。その様子《ようす》を見た善日麿は「どうして悲《かな》しいできごとがたくさん起《お》こるのか」「釈尊《しゃくそん》の説《と》いた教《おし》えがなぜたくさんの宗派に分《わ》かれているのか」などの疑問《ぎもん》を持《も》つようになりました。

そして、これらの疑問を解決しようと、十二歳《さい》の時、清澄寺《せいちょうじ》の道善房《どうぜんぼう》のもとへ入門《にゅうもん》し、「日本第一《だいいち》の智者《ちしゃ》となる」との志《こころざし》を立てられました。

こうして、兄弟子《あにでし》の浄顕房《じょうけんぼう》と義浄房《ぎじょうぼう》の二人から、読《よ》み書《か》きや仏法《ぶっぽう》の初歩《しょほ》を学《まな》び、もって生まれた才能《さいのう》はもちろんのこと、一生懸命努力《いっしょうけんめいどりょく》された結果《けっか》、仏法だけでなくいろいろな学問《がくもん》や智慧《ちえ》を深《ふか》めていかれました。

出家《しゅっけ》・諸国遊学《しょこくゆうがく》

善日麿《ぜんにちまろ》は十六歳《さい》の時、道善房《どうぜんぼう》を師匠《ししょう》として出家得度《しゅっけとくど》し、名前《なまえ》を是聖《ぜしょう》（生《しょう》）房蓮長《ぼうれんちょう》とあらためて、くる日もくる日も修行《しゅぎょう》に励《はげ》まれました。

十八歳の時、清澄寺《せいちょうじ》にあったお経《きょう》や仏教書《ぶっきょうしょ》をすべて読みつくした蓮長は、さらに深《ふか》く仏教の勉強《べんきょう》をしようと志《こころざし》を立て、日本の各地《かくち》へ旅立《たびだ》たれました。この旅は、多くの経典《きょうてん》や仏教書をもとめて、鎌倉《かまくら》や京都《きょうと》などの歴史《れきし》ある寺《てら》を次々《つぎつぎ》にたずねて勉強《べんきょう》していくもので、それは十四年間も続《つづ》きました。

その結果《けっか》、二つの大切《たいせつ》なことが明《あき》らかになりました。一つは、当時《とうじ》の仏教宗派《しゅうは》すべてが釈尊《しゃくそん》の本当の教《おし》えに背《そむ》いており、そのことがあらゆる災《わざわ》い（戦争《せんそう》や飢《う》えなど）の原因《げんいん》であるということ。二つには、今弘《ひろ》めなければならない教えは南無妙法蓮華経《なんみょうほうれんげきょう》であり、蓮長自身《じしん》がこの教えをもって不幸《ふこう》な世《よ》の中（末法《まっぽう》）の人々を救《すく》う立場《たちば》にあるということでした。

宗旨建立《しゅうしこんりゅう》と折伏《しゃくぶく》のはじまり

建長《けんちょう》五（一二五三）年春、三十二歳《さい》になった蓮長《れんちょう》は、旅《たび》を終《お》えて清澄寺《せいちょうじ》にもどりました。そして、どのような反対《はんたい》やいやがらせがあっても、衆生《しゅじょう》を救《すく》うために絶対《ぜったい》にあきらめず「南無妙法蓮華経《なんみょうほうれんげきょう》」の教《おし》えを弘《ひろ》めていこう、との決《けつ》意《い》を固《かた》められたのです。

また、このころに蓮長は、お名前《なまえ》を法華経《ほけきょう》の経文《きょうもん》によって「日蓮《にちれん》」と変《か》えられました。このお名前には、太陽《たいよう》（日）が昇《のぼ》って暗闇《くらやみ》を照《て》らし、蓮華《れんげ》（蓮《はす》）が泥《どろ》の中からきれいな花を咲《さ》かす、という意味《いみ》が込《こ》められて

います。

つまり、日蓮大聖人《だいしょうにん》さまこそ、不幸《ふこう》や悩《なや》みの多い暗闇《くらやみ》につつまれたような末法《まっぽう》を照《て》らし、清浄《しょうじょう》にするために出現《しゅつげん》された本当の仏《ほとけ》さまであるということなのです。

四月二十八日、大聖人さまは夜明《よあ》け前の清澄山嵩《かさ》が森の頂《いただき》に立ち、昇《のぼ》りくる太陽に向《む》かって「南無妙法蓮華経、南無妙法蓮華経…………」とお題目《だいもく》を唱《とな》え、宗旨《しゅうし》を建立《こんりゅう》されたのです。

そして同日の正午《しょうご》、清澄寺・諸仏坊《しょぶつぼう》の持仏《じぶつ》堂《どう》において「法華経《ほけきょう》こそが最高《さいこう》の教えであり、人々は南無妙法蓮華経の教えでなければ幸せ

になれない。ほかの教えは間違《まちが》っているから捨《す》てよ」と、はっきりと説《と》かれました。これが、大聖人《だいしょうにん》さまがすべての人々を救《すく》う「折伏《しゃくぶく》」の第一声《だいいっせい》でした。

ところが、ご説法《せっぽう》を聞《き》きにきた人たちは、今まで信《しん》じていたものを「間違っている」と言われたことに怒《いか》りだし、大聖人さまに襲《おそ》いかかりました。この日より大聖人さまは、法難《ほうなん》が次々《つぎつぎ》に襲ってくる大変なご一生《いっしょう》を過《す》ごされることになります。

しかし、法華経《ほけきょう》には「正しい教えを弘《ひろ》めると、それをやめさせようとする法難《ほうなん》が起《お》こる」と説《と》かれています。ゆえに、いろいろな法難が起こることは、法華経に説かれていることが真実《しんじつ》であること、そして大聖人さまが真の法華経の行者《ぎょうじゃ》であることの証明《しょうめい》となったのです。

私たちも、大聖人さまの教えを弘めていくと、反対《はんたい》されたり、いやがらせにあったりすることがあります。ですが、正しいことをしているのですから、負《ま》けずに一生懸命唱題《けんめいしょうだい》をして、折伏《しゃくぶく》に励《はげ》まなければなりません。それが、大聖人さまへの最大のご報恩《ほうおん》になることを忘《わす》れないでくださいね。

このお題目《だいもく》は、のちに大聖人さまが、

「すべての人々が幸せになる道をひらき、不幸へおちる道をふさぐ大きな功徳《くどく》がある」

(報恩抄《ほうおんしょう》・御書《ごしょ》一〇三六ページ取意《しゅい》)

と仰《おお》せのように、今まで誰《だれ》も説いたことのなかった、ただひとつの正しい教えなのです。

Q. 御難会《ごなんえ》ってな～に？

A 大聖人《だいしょうにん》さまが竜口法難《たつのくちほうなん》において発迹顕本《ほっしゃくけんぽん》されたことをご報恩申《ほうおんもう》し上《あ》げる法要《ほうよう》です

日蓮大聖人《にちれんだいしょうにん》さまは、ご一生《いっしょう》をかけて南無妙法蓮華経《なんみょうほうれんげきょう》の正しい仏法《ぶっぽう》を日本国中に弘《ひろ》められました。それゆえに、大聖人さまの信心《しんじん》をよく思わない人たちから反対《はんたい》されたり、襲《おそ》われたりして、何度も危険《きけん》な目（法難《ほうなん》）におあいになりました。

そこで日蓮正宗《にちれんしょうしゅう》では、「大難《だいなん》四カ度《ど》、小難《しょうなん》数知《かずし》れず」（命《いのち》におよぶような大きな四度の法難《ほうなん》と、そのほかの数えきれないほどの小さな法難）と言われる大聖人さまの忍難弘通《にんなんぐづう》のご生涯《しょうがい》に対して、ご報恩申《ほうおんもう》し上げているのです。

そのなかでも、文永《ぶんえい》八（一二七一）年九月十二日の竜口《たつのくち》法難には、特《とく》に重大《じゅうだい》な意義《いぎ》があり、この日に行《おこな》うご報恩の法要《ほうよう》を御難会《ごなんえ》といいます。

竜口《たつのくち》法難とは

竜口《たつのくち》法難の直接《ちょくせつ》の原因《げんいん》は、大聖人さまとの祈雨《きう》（日照《ひで》

むずかしい仏教用語　**会《え》**

集《あつ》まりのことで、主《おも》にお寺に集まって、お経《きょう》を読誦《どくじゅ》したり、法《ほう》話《わ》を聞《き》くこと。

りが続《つづ》くなかで、雨が降《ふ》ることをご祈念《きねん》する）の勝負《しょうぶ》に負《ま》けた極楽寺良観《ごくらくじりょうかん》という邪宗《じゃしゅう》の僧侶《そうりょ》が、幕府《ばくふ》の人たちにさまざまなウソの作り話をして、「大聖人《だいしょうにん》さまを殺《ころ》してしまおう」と悪《わる》だくみをしたことに始《はじ》まります。

良観の作り話やウソを聞いた幕府《ばくふ》の権力者《けんりょくしゃ》・平左衛門尉頼綱《へいのさえもんのじょうよりつな》は、武装《ぶそう》した数百人の兵士《へいし》をつれて大聖人さまのお住《す》まいであった松葉ケ谷《まつばがやつ》の草庵《そうあん》を襲《おそ》い、大聖人さまを捕《と》らえました。そして、鎌倉《かまくら》の町中を引き回したのち、大聖人さまに佐渡《さど》への島流《しまなが》しを言い渡《わた》したのです。

しかし、この島流しの判決《はんけつ》は表向《おもてむ》きのものであり、以《い》前《ぜん》から他宗《たしゅう》を厳《きび》しく破折《はしゃく》する大聖人さまを憎《にく》んでいた幕府の人たちは、闇《やみ》にまぎれて内々《ないない》に頸《くび》を斬《き》ってしまおうと企《たくら》んだのでした。その企み通《どお》り、大聖人さまは九月十二日の深夜《しんや》、竜口という場所《ばしょ》にある刑《けい》場《じょう》（現在《げんざい》の神奈川県藤沢市《かながわけんふじさわし》の浜辺《はまべ》）へ連《つ》れ出されました。

刑場に着《つ》かれた大聖人さまは、落《お》ち着いてお題目《だいもく》を唱《とな》えられ、「法華経《ほけきょう》のために死《し》ぬならば、これ以上《いじょう》の喜《よろこ》びはない」と、決死《けっし》の覚悟《かくご》でお供《とも》をしてきた四条金吾《しじょうきんご》を激励《げきれい》し、頚の座《ざ》（処刑《しょけい》される場所）に着かれました。

そして、丑《うし》の刻《こく》（午前《ごぜん》二時ごろ）になり、兵士《へいし》が太刀《たち》で大聖人さまのお頚をはねようとしたその時、鞠《まり》のような光り物が江《え》の島の方角《ほうがく》より飛《と》んできた

のです。突如《とつじょ》として、真《ま》っ暗闇《くらやみ》に現《あらわ》れた強烈《きょうれつ》な光に兵士は目がくらみ、その場に倒《たお》れこんでしまいました。他《た》の武士《ぶし》たちは恐怖《きょうふ》におののき、遠《とお》くへ走って逃《に》げ出したり、馬《うま》の上にうずくまってしまうありさまで、ついに大聖人さまのお頸《くび》を斬《き》ることはできなかったのです。

発迹顕本《ほっしゃくけんぽん》

この出来事《できごと》を通《とお》して、大聖人《だいしょうにん》さまの御身《おんみ》の上に一大変《へん》化《か》（凡夫《ぼんぶ》の身《み》がそのまま仏《ほとけ》の姿《すがた》を顕《あらわ》す）が生《しょう》じました。

それは、翌年《よくねん》お書きになられた『開目抄《かいもくしょう》』に、

「私日蓮《わたしにちれん》は去年《きょねん》の九月十二日、子丑《ねうし》の刻《こく》に頸《くび》をはねられた」（御書五六三ペ－ジ取意《しゅい》）

と、実際《じっさい》には斬《き》られていないお頸を「はねられた」とお示《しめ》しになられたのです。

　これはとても難《むずか》しいことなのですが、竜口《たつのくち》において、大聖人さまは「垂迹上行《すいじゃくじょうぎょう》日蓮」（垂迹身《すいじゃくしん》＝仮《か》りの姿《すがた》）というお立場《たちば》から、「久遠元初自受用報身如来《くおんがんじょじじゅゆうほうしんにょらい》」という真《しん》実《じつ》の姿（本地身《ほんちしん》）、すなわち御本仏《ごほんぶつ》の姿を顕《あらわ》されたことを意味《いみ》しています。このことを、仏法《ぶっぽう》の言葉で「発迹顕《ほっしゃくけん》本《ぽん》」（迹《しゃく》を発《はら》って本《ほん》を顕《あらわ》す）といい、大聖人さまのご一《いっ》生《しょう》において重要《じゅうよう》な出来事《できごと》なのです。

　また、この子丑《ねうし》から寅《とら》の刻（午前一時～四時ごろ）というのは、仏法では「三世諸仏成道《さんぜしょぶつじょうどう》の時」といわれる特《とく》別《べつ》な時間をさします。これは、万物《ばんぶつ》がもっとも深《ふか》い眠《ねむ》りから覚《さ》める時であり、すべての仏さまが悟《さと》りを開かれるという意義《いぎ》深《ぶか》い時刻《じこく》なのです。

すなわち『上野殿御返事《うえのどのごへんじ》』には、

「三世の諸仏《しょぶつ》の成道《じょうどう》は、ねうし《子丑》のをはり《終》とら《寅》のきざみの成道なり」（同一三六一ページ）

と説《と》かれるように、文永《ぶんえい》八年九月十二日の子丑の刻は、大聖人さまの仮《か》りのお姿（凡夫の身）の終《お》わり（死）、寅の刻は久遠元初《くおんがんじょ》の御本仏《ごほんぶつ》・日蓮大聖人さまの始《はじ》まり（生）を表《あらわ》しています。

末法出現《まっぽうしゅつげん》のご本仏《ほんぶつ》として

大難《だいなん》を逃《のが》れた大聖人《だいしょうにん》さまは、その後《ご》、佐渡島《さどがしま》（新潟《にいがた》県《けん》）へ島流《しまなが》しにされ、大変なご苦労《くろう》をなさいます。

むずかしい仏教用語

成道《じょうどう》

修行《しゅぎょう》のすえに悟《さと》りを開《ひら》いて仏《ほとけ》になること。成仏《じょうぶつ》。

もちろん、発迹顕本《ほっしゃくけんぽん》されたといっても、大聖人さまの姿形《すがたかたち》はお変《か》わりになることはありません。しかし、そのお振《ふ》る舞《ま》いは「佐渡へわたる前と後とでは大きく異《こと》なる」と大聖人さまご自身《じしん》が仰《おお》せのように、いよいよ末法《まっぽう》に出現《しゅつげん》されたご本仏《ほんぶつ》として、多《おお》くの人々を救《すく》うべく真実《しんじつ》のご化導《けどう》が始まるのでした。その契機《けいき》が竜口法難《たつのくちほうなん》なのです。

Q. 御《お》会《え》式《しき》ってな〜に？

A 大聖人《だいしょうにん》さまが三世常住《さんぜじょうじゅう》のお姿《すがた》を示《しめ》されたことをお祝《いわ》いする法要《ほうよう》です

御会式《おえしき》とは、日蓮大聖人《にちれんだいしょうにん》さまが弘安《こうあん》五（一二八二）年十月十三日、武州池上《ぶしゅういけがみ》（現在《げんざい》の東京都大田区《とうきょうとおおたく》池上）の池上宗仲《むねなか》の屋敷《やしき》においてご入滅《にゅうめつ》（お亡《な》くなりになること）あそばされ、滅《めつ》・不滅《ふめつ》、三世常住《さんぜじょうじゅう》のお姿《すがた》を示《しめ》されたことをお祝《いわ》いする法要《ほうよう》です。

総本山大石寺《そうほんざんたいせきじ》では、特《とく》にこの法要を御大会《ごたいえ》といい、毎年十一月二十日、二十一日の両日《りょうじつ》にわたって行《おこな》われています。

滅《めつ》にして滅にあらず

「人が亡《な》くなられたことを祝《いわ》う」というと、びっくりしてしまうかもしれませんね。しかし、大聖人《だいしょうにん》さまは仏《ほとけ》さまですから、そのお命《いのち》は永遠《えいえん》であり、御本尊《ごほんぞん》

さまとして常《つね》にこの世にいらっしゃって利益《りやく》を施《ほどこ》されているのです（不滅《ふめつ》・三世常住《さんぜじょうじゅう》）。

しかし、鎌倉時代《かまくらじだい》にお生まれになった大聖人さまは、たしかにお亡くなり（滅）になりました。これは、いったいどういうことなのでしょうか。

このことは、私たちが毎日読《まいにちよ》む寿量品《じゅりょうほん》に、

「衆生《しゅじょう》を度《ど》せんが為《ため》の故《ゆえ》に　方便《ほうべん》して涅槃《ねはん》を現《げん》ず　而《しか》も実《じつ》には滅度《めつど》せず　常《つね》に此《ここ》に住《じゅう》して法を説《と》く」（法華経《ほけきょう》四三九ページ）

と説かれているように、実《じつ》は仏さまによる「方便」であったのです。

仏教《ぶっきょう》の言葉である「方便」とは「ウソ」という意《い》味《み》ではなく、仏さまが私たちを正しい信心《しんじん》へ導《みちび》くた

めに使《つか》われるひとつの方法《ほうほう》をいいます。

　つまり、仏さまが常《つね》にいらっしゃると、私たちは「いつでも助《たけ》けてくださる」と安心《あんしん》してしまい、ついつい修《しゅ》行《ぎょう》をなまけてしまいます。そのような私たちに対《たい》して、仏さまが「いつも私（仏）がいると思ってはならない。気を抜《ぬ》かないで毎日しっかりと修行《しゅぎょう》しなさい」と教《おし》えてくださるために、方便をもちいて「滅」のお姿《すがた》を示《しめ》されたのでした。

　そして、大聖人さまのお命は、

「日蓮《にちれん》がたましひ《魂》をすみ《墨》にそめながしてかきて候《そうろう》ぞ」（経王殿御返事《きょうおうどのごへんじ》・御書《ごしょ》六八五㌻）

とのお言葉通《どお》りに、本門戒壇《ほんもんかいだん》の大御本尊《だいごほんぞん》さまとして総本《そうほん》山大石寺《ざんたいせきじ》にいらっしゃるのであり、いつも私たちを正しい方向へと導《みちび》き、教えを説《と》かれておられるのです。

御会式《おえしき》ではなにをするの？

大聖人《だいしょうにん》さまのご入滅《にゅうめつ》は、辰《たつ》の刻《こく》（午前《ごぜん》八時ごろ）といわれています。言い伝《つた》えによると、ご入滅と同時《どうじ》に大地《だいち》が振動《しんどう》し、秋《あき》が深《ふか》まった十月であるにもかかわらず、庭《にわ》の桜《さくら》が咲《さ》き誇《ほこ》ったといいます。このことから、御会式《おえしき》には桜の花をつくって御宝前《ごほうぜん》をお飾《かざ》りする習《なら》わしになっています。

御会式の法要《ほうよう》では、ご住職《じゅうしょく》と六人のご僧侶方《そうりょがた》によって、『立正安国論《りっしょうあんこくろん》』ならびに『申状《もうしじょう》』が捧読《ほうどく》されます。これは、御会式だけに行《おこな》われるものであり、特《とく》に重要《じゅうよう》な意義《いぎ》があ

おぼえたい ことば

申状《もうしじょう》

ご歴代上人《れきだいしょうにん》さまが、当時の身分《みぶん》の高い人たちにあてた折伏のお手紙

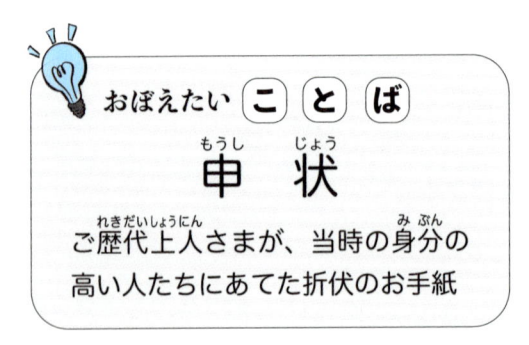

ります。

『立正安国論』や『申状』は、昔《むかし》の言葉で書かれた文章《ぶんしょう》なので難《むずか》しくて意味《いみ》がわからないと思いますが、すべてに共通《きょうつう》する内容《ないよう》は「謗法《ほうぼう》を対治《たいじ》し、正法《しょうぼう》を立てる」ということ。つまり、間違《まちが》った教えの信仰《しんこう》をやめさせ、大聖人さまの正法《しょうぼう》を教《おし》えていく、という「折伏《しゃくぶく》」の内容《ないよう》となっています。

ご僧侶方が『申状』を読み終《お》えると、参詣者全員《さんけいしゃぜんいん》でお題目《だいもく》を三唱《さんしょう》します。これによって、法要に集まった人全員が、自分も『申状』を読んだことと同じになり

ます。このことは、大聖人さまのご精神《せいしん》を私たちがしっかりと受《う》け継《つ》ぎ、参詣者全員《さんけいしゃぜんいん》が折伏《しゃくぶく》をしっかり行っていきます、と御本尊さまにお誓《ちか》い申《もう》し上げていることになるのです。

以上のように御会式《おえしき》とは、私たちを常《つね》に導《みちび》いてくださる大聖人さまに対してご報恩申《ほうおんもう》し上《あ》げ、さらに永遠不滅《えいえんふめつ》の仏《ほとけ》さまとしてのお姿《すがた》を示《しめ》されたことをお祝《いわ》いしつつ、広宣流布《こうせんるふ》へ向けて一生懸命《いっしょうけんめい》折伏していくことを強く決意《けつい》する大事な法要なのです。

日蓮正宗では、昔《むかし》から「御会式に参詣《さんけい》しない人は信者《しんじゃ》ではない」とまでいわれています。それほど大切な法要なのですから、みなさんは家族《かぞく》そろって必ず参詣し、広《こう》宣流布《せんるふ》への決意をかためる大事な一日をお寺《てら》で過《す》ごしましょう。

なお、仏さまのお祝いの法要ですから、御会式の日には「おめでとうございます」とあいさつしましょうね。

Q. 御霊宝虫払大法会《ごれいほうむしばらいだいほうえ》ってな〜に？

A ご宝物《ほうもつ》を永《なが》く伝《つた》えるために必要《ひつよう》な手入《てい》れをする儀式《ぎしき》です

御霊宝虫払大法会《ごれいほうむしばらいだいほうえ》とは、七百年以上昔《むかし》の日蓮大聖人《にちれんだいしょうにん》さまの時代《じだい》より、日蓮正宗《にちれんしょうしゅう》に伝《つた》えられてきた大切なご宝物《ほうもつ》（御本尊《ごほんぞん》さまや御書《ごしょ》など）を遠《とお》い未来《みらい》まで永《なが》く伝えていくために、一年に一度、お風通《かぜとお》しをして湿気《しっけ》を払《はら》い、害《がい》虫《ちゅう》を防《ふせ》ぐために必要《ひつよう》な手入《てい》れをする儀式《ぎしき》のことです。

総本山大石寺《そうほんざんたいせきじ》の御霊宝虫払大法会は、毎年四月六日・七日に奉修《ほうしゅう》されており、たくさんのご信徒《しんと》が参詣《さんけい》されています。また、この法要《ほうよう》は十一月の御大会《ごたいえ》（御会式《おえしき》）とともに、日蓮正宗の二大法要の一つです。

この行事《ぎょうじ》は、おそらく日興上人《にっこうしょうにん》さまの時代から行《おこな》われていたと思いますが、残念《ざんねん》ながらその記録《きろく》は残《のこ》っていません。一番古いものとしては、第十四世日主上人《にっしゅしょうにん》さまの時代、天正元《てんしょうがん》（一五七三）年八月十九日に奉修《ほうしゅう》された記《き》録《ろく》が残っています。

そして、江戸《えど》時代以降《いこう》は、数年おきに六月ごろに行われたようで、大正《たいしょう》時代に入ってからは、現在《げんざい》のように毎年四月に奉修されるようになりました。

法要《ほうよう》ではなにをするの？

御霊宝虫払大法会《ごれいほうむしばらいだいほうえ》の行事《ぎょうじ》を説明《せつめい》します。

一日目（四月六日）、まず奉安堂《ほうあんどう》にて御開扉《ごかいひ》が行《おこな》われます。この日の御開扉は普段《ふだん》と少し様子《ようす》が違《ちが》い、唱題《しょうだい》の最中《さいちゅう》に、猊下《げいか》さまが大御本尊《だいごほんぞん》さまの近《ちか》くまでお進《すす》みになり、お清《きよ》め・お風入《かぜい》れの儀《ぎ》が行われます。

夕方《ゆうがた》になると、あかあかとかがり火が燃《も》えさかる参道《さんどう》を、たくさんのご僧侶《そうりょ》を従《したが》えられた猊下さまの行列《ぎょうれつ》がゆっくりと御影堂《みえいどう》へ向《む》かわれます。そして、猊下さまが堂内《どうない》の中央《ちゅうおう》にしつらえられた高座《こうざ》に登《のぼ》られ、読経《どきょう》・唱題《しょうだい》のあと御説法《ごせっぽう》が行われます。

猊下さまがご退座《たいざ》ののち、ご僧侶による布教講演会《ふきょうこうえんかい》があり、初日《しょにち》の行事が終《お》わります。

二日目（四月七日）は、午前《ごぜん》二時三十分から客殿《きゃくでん》において勤行衆会《ごんぎょうしゅえ》（丑寅《うしとら》勤行）があり、猊下さまが広宣流布《こうせんるふ》のご祈念《きねん》をされる大切な勤行に、信徒もお供《とも》をさせていただきます。

午前七時、猊下さまはふたたび行列を組《く》んで御影堂へ向かわれ、第二祖日興上人《だいにそにっこうしょうにん》さまの御報恩御講《ごほうおんおこう》が奉修《ほうしゅう》されます。

午前九時からは、客殿においていよいよ御霊宝虫払ならびに御真翰披露《ごしんかんひろう》の儀《ぎ》が始《はじ》まります。これに先立《さきだ》って、ふだんは御宝蔵《ごほうぞう》にしまわれている御本尊さまや御書などのご宝物《ほうもつ》が客殿へと運《はこ》び入《い》れられます。そして、長持《ながもち》

むずかしい用語　**真《しん》翰《かん》**

直筆《じきひつ》の手紙《てがみ》や文書《ぶんしょ》のこと

（蓋《ふた》つきの大きな木箱《きばこ》）から大聖人《だいしょうにん》さまの「御生骨《ごしょうこつ》」と「雨の祈《いの》りの三具足《みつぐそく》」が取《と》り出され、御宝前正面《ごほうぜんしょうめん》の御前机《おまえづくえ》に供《そな》えられます。

続《つづ》いて、猊下《げいか》さまの読《よ》み上《あ》げにしたがって、大聖人さまがお認《したた》めになった「師資伝授《ししでんじゅ》の御本尊」をはじめ、御《ご》歴代上人《れきだいしょうにん》の御本尊さまが奉掲《ほうけい》されます。最後《さいご》に大石寺《たいせきじ》が創建《そうけん》された時、日興上人さまから日目上人《にちもくしょうにん》さまに授与《じゅよ》された「御座替《おざが》わりの御本尊」が外陣中央《げじんちゅうおう》に奉掲《ほうけい》され、読《ど》経《きょう》・唱題《しょうだい》が行われます。

このほかにも、総本山《そうほんざん》にはたくさんの御本尊さまが厳《げん》護《ご》されていますが、この法要で奉掲されるのは、大聖人さまから第九世日有上人《にちうしょうにん》さままでの六十幅《ぷく》あまりです。

御本尊さまのお風入れに続《つづ》いて、「御真翰披露《ごしんかんひろう》の儀《ぎ》」が

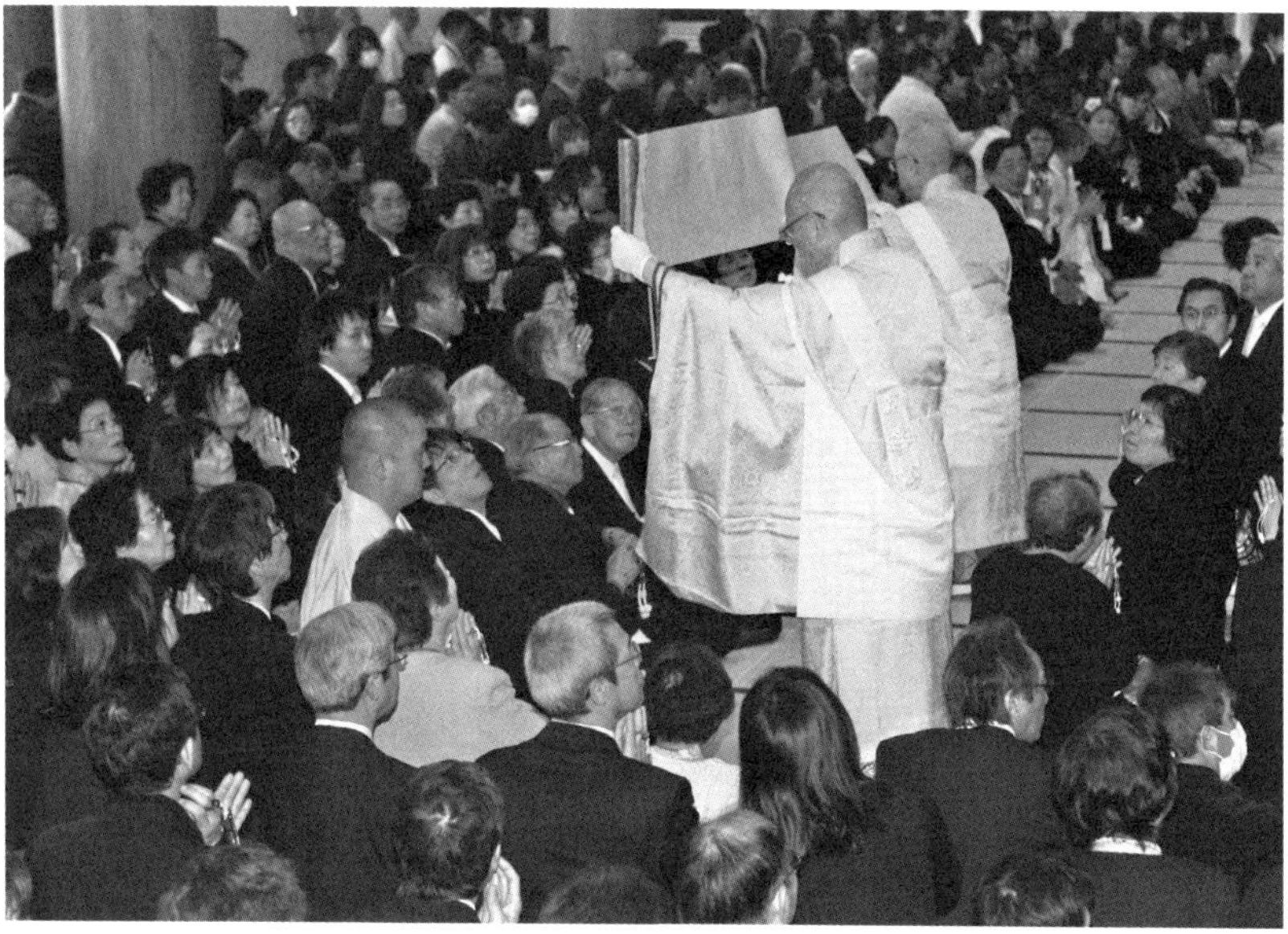

行われます。これは、大聖人さまの御書（信徒《しんと》にあてたお手紙《てがみ》など）をはじめ、日興上人さま・日目上人さまなどの書物《しょもつ》やお手紙を披露《ひろう》する儀式《ぎしき》です。

猊下さまが中央の高座《こうざ》に登《のぼ》られ、読経・唱題ののち『日蓮一期《にちれんいちご》弘法付嘱書《ぐほうふぞくしょ》』『身延山《みのぶさん》付嘱書』（ともに古写本《こしゃほん》）と、『日興跡条々事《にっこうあとじょうじょうのこと》』を読み上げられます。

続いて、『春之祝御書《はるのいわいごしょ》』『白米一《はくまいいっ》俵《ぴょう》御書』『諫暁八幡抄《かんぎょうはちまんしょう》』などの御書が参詣者《さんけいしゃ》に披露されます。これら大聖人さま御真筆《ごしんぴつ》の御書二十六編《へん》は、昭和《しょうわ》四十二年に国の重要文化財《じゅうようぶんかざい》に指定《してい》されており、とても大切なものです。

このほか、日興上人さまが書き写《うつ》された『立正安国論《りっしょうあんこくろん》』をはじめ、ご歴代《れきだい》の猊下さまの文書などが披露される様子《ようす》は、日蓮正宗《にちれんしょうしゅう》七百五十年の歴史《れきし》を直接肌《ちょくせつはだ》で感《かん》じることができる、たいへん貴重《きちょう》なものといえます。

これらの御書や文書は、披露役《やく》の僧侶によって信徒方に披露されたのち、丁寧《ていねい》に巻《ま》き直《なお》して元《もと》の長持《ながもち》に納《おさ》められ、すべての儀式が終了《しゅうりょう》となります。

護持《ごじ》の精神《せいしん》を学《まな》ぶ

大聖人《だいしょうにん》さまがご入滅《にゅうめつ》ののち、日興上人《にっこうしょうにん》さま以外《いがい》の本弟子《ほんでし》五人の僧侶《そうりょ》は御書《ごしょ》を大切《たいせつ》にせず、あろうことか焼《や》いてしまうことさえありました。これは、大聖人さまを本当の仏《ほとけ》さまと拝《はい》することができない、間違《まちが》った信心《しんじん》の姿《すがた》です。

これに対《たい》して、大聖人さまの正統《せいとう》な後継者《こうけいしゃ》である日興上人さまだけが、「御書は仏さまのお言葉。大切にして未来《みらい》まで伝《つた》えていかなければならない」とお考えになり、あちらこちらに散《ち》らばっていた御書を集《あつ》めたり、書き写《うつ》したりして、大聖人さまの尊《とうと》い教《おし》えがなくなってしまうことを防《ふせ》がれたのです。

そして、日興上人さまのご精神《せいしん》を受《う》け継《つ》がれた、代々の猊下《げいか》さまが身をもって重宝《じゅうほう》をお護《まも》りしてこられたこと。さらに、その時々のご信徒の外護《げご》があったからこそ、大聖人さまの正法《しょうぼう》とたくさんのご宝物《ほうもつ》が今も大石寺《たいせきじ》に伝《つた》えられていることを忘《わす》れてはなりません。

私たちは、御霊宝虫払大法会《ごれいほうむしばらいだいほうえ》の儀式《ぎしき》を通《とお》して、日《にち》蓮正宗《れんしょうしゅう》の長い歴史《れきし》に思いをいたすとともに、「次の時代に伝えていくのは自分たちだ」と決意《けつい》して、力を合わせて正法《しょうぼう》を護持《ごじ》していくことがとても大切なのです。

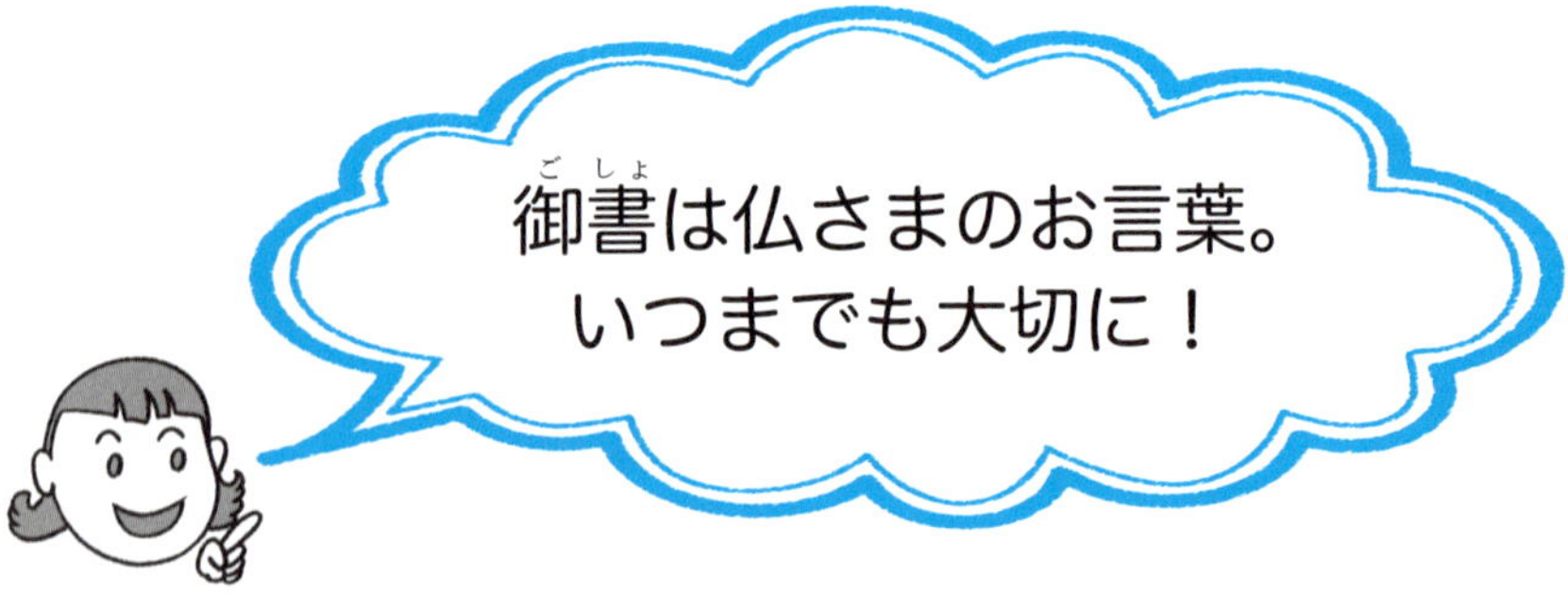
御書《ごしょ》は仏さまのお言葉。
いつまでも大切に！

Q. 興師会《こうしえ》ってな～に？

A 第二祖日興上人《だいにそにっこうしょうにん》さまにご報恩申《ほうおんもう》し上《あ》げる法要《ほうよう》です

興師会《こうしえ》とは、日蓮大聖人《にちれんだいしょうにん》さまの仏法《ぶっぽう》を受《う》け継《つ》がれ、後世《こうせい》に正しく伝《つた》えられた第二祖日興上人《だいにそにっこうしょうにん》さまにご報恩申《ほうおんもう》し上げる法要《ほうよう》です。総本山《そうほんざん》をはじめ各末寺《かくまつじ》において、日興上人さまの祥月命日《しょうつきめいにち》の二月七日に奉修《ほうしゅう》されています。

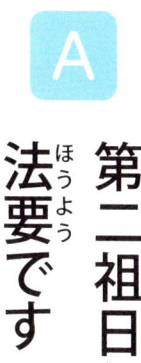

常随給仕《じょうずいきゅうじ》

日興上人《にっこうしょうにん》さまは、寛元《かんげん》四（一二四六）年三月八日、甲斐国大井荘鰍沢《かいのくにおおいのしょうかじかざわ》（現在《げんざい》の山梨県《やまなしけん》）でお生まれになり、十三歳《さい》のときに大聖人《だいしょうにん》さまのお弟子《でし》になりました。

それから日興上人さまは、常《つね》に大聖人さまのおそばを離《はな》れずお給仕《きゅうじ》され、大事な仏法《ぶっぽう》を身《み》をもって学《まな》ばれたのです。このようなお姿《すがた》を「常随給仕《じょうずいきゅうじ》」といいます。

そうしたなか、多くの弟子のなかで日興上人さまおひとりだけが、大聖人さまが末法《まっぽう》の御本仏《ごほんぶつ》であることを正しく拝信《はいしん》していました。

そして大聖人さまは、日興上人さまをただひとりの後《こう》継者《けいしゃ》として大事の法門《ほうもん》を相伝《そうでん》されたのです。

身延離山《みのぶりざん》

弘安《こうあん》五（一二八二）年九月、大聖人《だいしょうにん》さまは、日興上人《にっこうしょうにん》さまに『日蓮一期弘法付嘱書《にちれんいちごぐほうふぞくしょ》』をもって仏法《ぶっぽう》のすべてを譲《ゆず》り、正式《せいしき》な後継者《こうけいしゃ》として一門《いちもん》をひきいる大導師《だいどうし》と定《さだ》められました。また、十月十三日には『身延山付嘱書《みのぶさんふぞくしょ》』をもって身延山久遠寺《くおんじ》の別当《べっとう》（統率《とうそつ》する者）と定められたのです。この二つの付嘱書を「二箇相承《にかそうじょう》」といいます。

このように大聖人さまは、すべてを日興上人さまに託《たく》してご入滅《にゅうめつ》になられました。

当時《とうじ》、大聖人さまの弟子はたくさんいましたが、多く

おぼえたい ことば

二箇相承《にかそうじょう》

の弟子たちは権力《けんりょく》を恐《おそ》れて正しい信仰《しんこう》から離《はな》れたり、だんだんと大聖人さまの教《おし》えを忘《わす》れていってしまいました。また、日興上人さまにもしたがわないという、とても悲《かな》しい状況《じょうきょう》が続《つづ》きました。

そのようななか、身延山《みのぶさん》に来ていた兄弟《きょうだい》弟子の民部日向《みんぶにこう》が謗法《ほうぼう》を犯《おか》すようになり、日向にそそのかされた身延の地頭《じとう》・波木井実長《はきりさねなが》が、大聖人さまの仏法に反《はん》するようになってしまったのです。

日興上人さまは、正しい信心《しんじん》にもどるよう必死《ひっし》に説得《せっとく》しましたが、二人はまったく言うことを聞《き》きませんでした。そこで、大聖人さまの仏法を守《まも》り伝《つた》えていくためには、このまま謗法の身延にいてはならない、と決断《けつだん》されたのです。

正応《しょうおう》二（一二八九）年春、日興上人さまは戒壇《かいだん》の大御《だいご》本尊《ほんぞん》さまをはじめとする重宝《じゅうほう》をお持《も》ちして身延を離《はな》れ、南条時光殿《なんじょうときみつどの》が待《ま》つ富士上野《ふじうえの》の地に移《うつ》られました。

大石寺創建《たいせきじそうけん》

正応《しょうおう》三（一二九〇）年十月十二日、日興上人《にっこうしょうにん》さまは、大聖人《だいしょうにん》さま以来《いらい》の純真《じゅんしん》な信徒《しんと》であった南条時光殿《なんじょうときみつどの》の御供《ごく》養《よう》によって、広大《こうだい》な「大石《おおいし》が原《はら》」の地にお寺《てら》を建立《こんりゅう》されました。それが現在《げんざい》の大石寺《たいせきじ》です。

日興上人さまが身延《みのぶ》を離《はな》れたことは、大聖人さまの教《おし》えを正しく守《まも》っていくためにとても大切《たいせつ》なことでした。

このことは、直接的《ちょくせつてき》には日向《にこう》たちが日興上人さまに背《そむ》い

たことが原因《げんいん》となりましたが、その本当の意《い》味《み》は、

「富士山《ふじさん》のふもとに、将来《しょうらい》、世界中《せかいじゅう》の人々が参詣《さんけい》し、幸《しあわ》せになるための根本《こんぽん》となるお寺をつくりなさい」

（御書《ごしょ》一六七五㌻取意）

との大聖人さまの遺命《ゆいめい》を実行《じっこう》されるためだったのです。

大聖人さまの教えは、日興上人さまによって守られて、ご歴代《れきだい》の御法主上人猊下《ごほっすしょうにんげいか》さまへと正しく伝《つた》わっています。したがって、私たちは時の猊下さまのご指南《しなん》にしたがって、信《しん》心《じん》をしていかなければならないのです。

おぼえたい ことば

遺命《ゆいめい》

大聖人さまが後代《こうだい》に遺《のこ》したご命令《めいれい》のこと

芹御講《せりおこう》

日興上人《にっこうしょうにん》さまは、芹《せり》がお好《す》きであったと伝《つた》えられています。日興上人さまのお手紙《てがみ》にも、

「御供養《ごくよう》された初物《はつもの》の芹とお酒《さけ》を、御本尊《ごほんぞん》さま・大聖人《だいしょうにん》さまの御宝前《ごほうぜん》にお供《そな》えいたしました」（曽祢殿御返《そねどののごへん》事《じ》・歴全《れきぜん》一―一四八ページ取意《しゅい》）

とのお言葉が拝《はい》せられます。

このようなことから古来《こらい》、総本山《そうほんざん》では興師会《こうしえ》の前に、当番《とうばん》のご僧侶方《そうりょがた》があおあ

おとした若芹《わかぜり》を摘《つ》み、御宝前にお供えしています。この習《なら》わしから、興師会のことを「芹御講《せりおこう》」とも称《しょう》しています。

私たちは、日興上人さまへのご報恩《ほうおん》のため、興師会には家族《かぞく》そろって参詣《さんけい》し「日興上人さま、ありがとうございます」との気持《きも》ちを込《こ》めて、しっかりとお題目《だいもく》を唱《とな》えましょうね。

Q. 目師会《もくしえ》ってな〜に？

A 第三祖日目上人《だいさんそにちもくしょうにん》さまにご報恩申《ほうおんもう》し上《あ》げる法要《ほうよう》です

日目上人《にちもくしょうにん》さまは、文応元《ぶんおうがん》（一二六〇）年に、現在《げんざい》の静《しず》岡県田方郡函南町畑毛《おかけんたがたぐんかんなみちょうはたけ》にお生まれになりました。

そして、十七歳《さい》の時に第二祖日興上人《だいにそにっこうしょうにん》さまの弟子《でし》として出家得度《しゅっけとくど》されたのち、身延《みのぶ》にいらっしゃった日蓮大聖《にちれんだいしょう》

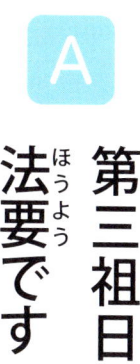

人《にん》さまのもとで修行《しゅぎょう》に励《はげ》まれました。

当時《とうじ》、大聖人さまがお住《す》まいになられていた場所《ばしょ》は、山深《ぶか》い所《ところ》でした。日目上人さまは大聖人さまにお給仕《きゅうじ》するために川までおりては水をくみ、その水桶《みずおけ》を頭《あたま》にのせ、山をのぼって帰るという毎日《まいにち》のくりかえしでした。そのため、日目上人さまの頭頂部《とうちょうぶ》（頭のてっぺん）はくぼんでおられたと伝《つた》えられています。

日目上人さまは大聖人さまから直接《ちょくせつ》多《おお》くのご法門《ほうもん》を教《おし》えていただき、さらに大聖人さまに常《じょう》随給仕《ずいきゅうじ》され、仏法《ぶっぽう》の大切な教《おし》えを体全体《からだぜんたい》で覚《おぼ》えていかれました。

日目上人さまは、大聖人さまがお亡《な》くなりに

なってからは、日興上人さまにお仕《つか》えして修行に励まれました。そして、元弘《げんこう》二（一三三二）年には、日興上人さまより『日興跡条々事《にっこうあとじょうじょうのこと》』を授《さず》けられ、大聖人さまの仏法のすべてを正式《せいしき》に譲《ゆず》り受《う》けられました。この時より日目上人さまは、「一閻浮提《いちえんぶだい》の座主《ざす》」というお立場《たちば》になられたのです。

四十二度の諫暁《かんぎょう》

日目上人さまは、お二人の師匠《ししょう》のもとで常随給仕《じょうずいきゅうじ》されたとともに、一生懸命仏法《いっしょうけんめいぶっぽう》の勉強《べんきょう》をされたので、問答《もんどう》が誰《だれ》よりもすぐれ、得意《とくい》になりました。

弘安《こうあん》五（一二八二）年には、大聖人さまの命令《めいれい》で邪宗《じゃしゅう》

おぼえたい ことば

常随給仕《じょうずいきゅうじ》

弟子《でし》が師匠《ししょう》のもとを離《はな》れず、常《つね》にお仕《つか》えすること

の僧侶《そうりょ》と問答をして見事《みごと》に勝《か》ちました。たいへん優《ゆう》秀《しゅう》な日目上人さまのことを、大聖人さまは「問答は日目にまかせれば安心《あんしん》である」とほめられたと伝わっています。

また、日目上人さまは東北地方《とうほくちほう》へ行き、大聖人さまの仏法《ぶっぽう》を弘《ひろ》められました。そこには、今でも日目上人さまが開《ひら》かれた日蓮正宗《にちれんしょうしゅう》のお寺がたくさん残《のこ》っています。

さらに、日本国のすべてに大聖人さまの教えを弘めるために、幕府《ばくふ》や朝廷《ちょうてい》に対《たい》して、四十二度も諫暁《かんぎょう》（相手《あいて》の誤《あやま》りを正《ただ》すこと・折伏《しゃくぶく》）をされたといわれています。そして、元弘《げんこう》三（一三三三）年十一月十五日、諫暁のために京都《きょうと》へ向《む》かわれる途中《とちゅう》、美濃《みの》の

むずかしい仏法用語

問《もん》答《どう》

ひとりが仏法の質問《しつもん》をし、相手がそれに答えること。これをくりかえして、理解《りかい》を深《ふか》めたり、勝劣《しょうれつ》を決するために行う。

垂井《たるい》（現在《げんざい》の岐阜県《ぎふけん》）においてお亡《な》くなりになりました。

私たちは、命《いのち》をかけて大聖人さまの教えを弘められた日目上人さまのお姿《すがた》をお手本《てほん》として、信心修行《しんじんしゅぎょう》にしっかりと励《はげ》んでいきましょう。そして、日目上人さまにご報恩《ほうおん》申し上《あ》げるために、目師会《もくしえ》には家族《かぞく》そろって参詣《さんけい》いたしましょう。

Q. 寛師会《かんしえ》ってな〜に？

A

総本山《そうほんざん》第二十六世日寛上人《にちかんしょうにん》さまの祥月命日忌法要《しょうつきめいにちきほうよう》のことです

日寛上人《にちかんしょうにん》さまは江戸時代《えどじだい》、大聖人《だいしょうにん》さまの相伝《そうでん》の仏法《ぶっぽう》を明示《めいじ》し、当時《とうじ》はびこっていた日蓮宗《にちれんしゅう》の邪義《じゃぎ》をことごとく破折《はしゃく》して、正法《しょうぼう》の興隆《こうりゅう》に大《おお》いに寄与《きよ》されました。

そのようなご功績《こうせき》から、宗門《しゅうもん》では第九世日有上人《にちうしょうにん》さまともに「中興《ちゅうこう》の祖《そ》」と仰《あお》ぎ、毎年《まいとし》、総本山《そうほんざん》において寛師会《かんしえ》が奉修《ほうしゅう》されています。

寛師会では、猊下《げいか》さまの大導師《だいどうし》のもと御逮夜法要《おたいやほうよう》（命日《めいにち》の前日《ぜんじつ》）と御正当《ごしょうとう》会《え》（命日）の二日間にわたって、客殿《きゃくでん》と常唱堂《じょうしょうどう》（石之坊《いしのぼう》）において法要が行《おこな》われます。

また、御逮夜法要の日には大石寺塔《とう》の原《はら》グラウンドに特設《とくせつ》された土俵《どひょう》で「日寛上人奉納角力《ほうのうすもう》大会」が開催《かいさい》され、夜には花火が打ち上げられます。たくさんの出店《でみせ》が並《なら》び、たいへん賑《にぎ》やかな

行事《ぎょうじ》です。

中興《ちゅうこう》の祖《そ》・日寛上人《にちかんしょうにん》さま

日寛上人《にちかんしょうにん》さまは寛文《かんぶん》五（一六六五）年八月、上野国前《こうずけのくにまえ》橋《ばし》（現在《げんざい》の群馬県《ぐんまけん》前橋市）にご誕生《たんじょう》になり、幼名《ようめい》を市之《いちの》進《しん》といいました。

天和《てんわ》三（一六八三）年、十九歳《さい》の時、当時《とうじ》流行《りゅうこう》していた観音信仰《かんのんしんこう》について多くの疑問《ぎもん》を抱《いだ》いていたところ、市之進が仕《つか》えていた屋敷《やしき》の門番《もんばん》の勧《すす》めによって、江戸下谷《えどしたや》（現在の東京都台東区《とうきょうとたいとうく》）にあった常在寺《じょうざいじ》へ参詣《さんけい》することになりました。そこで、折《おり》よく第十七世日精上人《にっせいしょうにん》さまの御説法《ごせっぽう》を聴聞《ちょうもん》することができ、長年《ながねん》の疑問《ぎもん》はすべて解《と》けて、出家《しゅっけ》を決意《けつい》されたのです。

市之進は、同年十二月下旬《げじゅん》、常在寺住職《じゅうしょく》であった日永《にちえい》上人《しょうにん》さま（のちの総本山第二十四世）のお弟子《でし》として出家得度《とくど》され、名を覚真日如《かくしんにちにょ》と称《しょう》しました。そして、常在寺や総本山大石寺《そうほんざんたいせきじ》等《とう》で修行《しゅぎょう》したのち、元禄《げんろく》二（一六八九）年に二十五歳で上総《かずさ》・細草檀林《ほそくさだんりん》（現在の千葉県大網白里《ちばけんおおあみしらさと》市《し》）に入林《にゅうりん》されました。

檀林とは、法門《ほうもん》を学《まな》び修行をする僧侶《そうりょ》の学校《がっこう》です。数ある檀林のなかでも、特《とく》に本宗《ほんしゅう》に関《かか》わりが深《ふか》い細草檀林は、寛永《かんえい》十九（一六四二）年に敬台院殿《きょうだいいんでん》（総本山御《み》影堂《えいどう》を再建寄進《さいこんきしん》した方。徳島藩主《とくしまはんしゅ》・蜂須賀至鎮公《はちすかよししげこう》の夫《ふ》人《じん》）の助力《じょりょく》を得《え》て設立《せつりつ》され、元禄時代のころには数百人の修行僧が集《つど》い、学門《がくもん》に励《はげ》んでいたそうです。

日寛上人さまは、入林《にゅうりん》以来《いらい》、約《やく》二十年間にわたって、春秋の開講時期《かいこうじき》を細草檀林《ほそくさだんりん》で過《す》ごし、その合間《あいま》を大石寺等《とう》において修行・修学《しゅうがく》に努《つと》められました。その結果、宝《ほう》永《えい》七（一七一〇）年、四十五歳の時、檀林の能化《のうけ》（教化《きょうけ》する立場《たちば》）に昇進《しょうしん》して名を堅樹院《けんじゅいん》日寛と改《あらた》め、後進《こうしん》の指《し》導《どう》に当《あ》たられています。

その後《ご》、日寛上人さまは細草檀林の能化職を退《しりぞ》き、正《しょう》徳《とく》元（一七一一）年夏、師《し》匠《しょう》・日永上人さまの命《めい》によって大石寺蓮蔵坊《れんぞうぼう》に入り、大弐阿闍梨《だいにあじゃり》と号《ごう》して学頭職《がくとうしょく》に就《しゅう》任《にん》しました。そして、門下《もんか》の僧侶に対《たい》して御書《ごしょ》の講義《こうぎ》をされたり、教義《きょうぎ》に関《かん》する著述《ちょじゅつ》をされるなど、学事《がくじ》に関《かん》する法務《ほうむ》に力を尽《つ》くされました。

享保《きょうほう》三（一七一八）年三月、日寛上人さまは、第二十

むずかしい仏法用語　学《がく》頭《とう》

僧侶の教育《きょういく》における最上《さいじょう》の立場《たちば》

五世日宥上人《にちゆうしょうにん》さまより血脈《けちみゃく》の付嘱《ふぞく》を承《う》けて、総本山《そうほんざん》第二十六世の御法主《ごほっす》となられました。

　そして、本宗の教学の大綱《たいこう》を『六巻抄《ろっかんしょう》』としてまとめられるなど、大聖人さま以来《いらい》の正法正義《しょうぼうしょうぎ》を教学面《きょうがくめん》からますます明《あき》らかにされるとともに、他門《たもん》の誤《あやま》りをことごとく破折《はしゃく》されました。

　また、信仰修行《しんこうしゅぎょう》の面《めん》においても、常唱《じょうしょう》堂《どう》を建立《こんりゅう》して唱題行《しょうだいぎょう》の大事を徹底《てってい》されるなど、宗門《しゅうもん》の発展《はってん》に力を尽《つ》くされ、享保十一（一七二六）年八月十九日に六十二歳でご遷化《せんげ》されました。

たいせつなポイント　常唱堂《じょうしょうどう》

　享保《きょうほう》１１年、日寛上人《にちかんしょうにん》の発願《ほつがん》により創建《そうけん》されたお堂です。

　当時は、六人の僧侶《そうりょ》が交《こう》代《たい》で日夜《にちや》不断《ふだん》の唱題行《しょうだいぎょう》に励《はげ》んだと伝《つた》えられています。

ご遷化《せんげ》の様子《ようす》

享保《きょうほう》十一年八月、ご自分の死《し》が近《ちか》いことを悟《さと》られた日《にち》寛上人《かんしょうにん》さまは、ご当職《とうしょく》の日詳上人《にっしょうしょうにん》さま（総本山《そうほんざん》第二十八世）をはじめ、大石寺山内《たいせきじさんない》の僧侶《そうりょ》や信徒方《しんとがた》への別《わか》れの挨《あい》拶《さつ》をすませたのち、桶工《とうこう》（桶《おけ》を作る職人《しょくにん》）に自《みずか》らの棺桶《かんおけ》を造《つく》らせました。

そして十八日の深夜《しんや》に至《いた》り、床《とこ》の間《ま》に御本尊《ごほんぞん》さまをお掛《か》けし、辞世《じせい》の句《く》として、

「末《すえ》の世《よ》に　咲《さ》くは色香《いろか》は及《およ》ばねど　種《たね》は昔《むかし》に替《かわ》らざりけり」

と書き終《お》えるや、あらかじめ用意《ようい》しておくよう命《めい》じてい

石之坊（常唱堂）

た蕎麦《そば》を七箸《はし》召《め》し上がられ、笑《え》みを浮《う》かべて、

「ああ面白《おもしろ》きかな寂光《じゃっこう》の都《みやこ》は」

と述《の》べられました。

そののち、うがいをされ、身なりをただして御本尊さまにお題目《だいもく》を唱《とな》えつつ、十九日辰《たつ》の刻《こく》（午前八時）、眠《ねむ》るように安祥《あんじょう》としてご遷化《せんげ》されたと伝《つた》えられています。

以上のように、大石寺《たいせきじ》の発展《はってん》と、大聖人《だいしょうにん》さま以来の血脈相伝《けちみゃくそうでん》に基《もと》づく教義の顕揚《けんよう》に尽力《じんりょく》された日寛上人さまは、ご遷化より三百年となる今日《こんにち》もなお、そのご功績《こうせき》はますます輝《かがや》きを増《ま》し、本宗中興《ほんしゅうちゅうこう》の祖《そ》としてご高徳《こうとく》を拝《はい》することができます。

皆《みな》さんも、機会《きかい》があれば寛師会《かんしえ》に参詣《さんけい》させていただき、日寛上人さまへ心からご報恩謝徳《ほうおんしゃとく》申《もう》し上げましょう。

Q. 大行《だいぎょう》会《え》ってな〜に？

A 大石寺《たいせきじ》の開基檀那《かいきだんな》・南条時光殿《なんじょうときみつどの》の祥月命日忌法要《しょうつきめいにちきほうよう》です

大行《だいぎょう》とは、南条時光殿《なんじょうときみつどの》の法名《ほうみょう》のことです。富士上野《ふじうえの》の地頭《じとう》であった時光殿は、正応《しょうおう》二（一二八九）年春、身延《みのぶ》を離山《りざん》された日興上人《にっこうしょうにん》さまを南条家の持仏堂《じぶつどう》（現在《げんざい》の下之坊《しものぼう》）にお招《まね》きしました。そして、しばらくの間お世話《せわ》申《もう》し上《あ》げて日興上人さまをお護《まも》りしました。

さらに、時光殿は広大《こうだい》な「大石《おおいし》が原《はら》」の土《と》地《ち》を日興上人さまへ御《ご》供養《くよう》されて、正応三（一二九〇）年十月十二日に大石寺《たいせきじ》が創建《そうけん》されました。現在の大石寺があるのは、日興上人さまをお助《たす》けした時光殿の強盛《ごうじょう》な信心《しんじん》のおかげでもあり、広宣流布《こうせんるふ》のために力を尽《つ》くした信《しん》心《じん》を、私たちも見習《みなら》わなければなりません。

よって毎年《まいとし》、時光殿の祥月命日《しょうつきめいにち》である五月一日には、猊下《げいか》さまの大導師《だいどうし》のもとに総本山《そうほんざん》内《ない》のすべてのご僧侶《そうりょ》が出席《しゅっせき》して、時光殿の追《つい》善法要《ぜんほうよう》が執《と》り行《おこな》われているのです。

上野賢人《けんじん》

南条家《なんじょうけ》の方々《かたがた》は、もともと伊豆《いず》の南条という場所《ばしょ》に住《す》み、のちに富士《ふじ》の上野《うえの》（現在《げんざい》の大石寺《たいせきじ》の周辺地域《しゅうへんちいき》）に移《うつ》ったので、「南条殿《どの》」とも「上野殿」とも呼《よ》ばれていました。

時光殿の父・兵衛七郎《ひょうえしちろう》殿は、純真《じゅんしん》な信心《しんじん》をされていたのですが、時光殿が七歳《さい》の時に病気《びょうき》で亡《な》くなってしまいました。大聖人《だいしょうにん》さまは兵衛七郎殿の追善供養《ついぜんくよう》のために、富士上野までわざわざ足を運《はこ》ばれてお墓参《はかまい》りをされています。

それから九年後の文永《ぶんえい》十一（一二七四）年五月に、佐《さ》渡《ど》から戻《もど》られた大聖人《だいしょうにん》さまは縁《えん》のあった身延《みのぶ》へお入りになりました。これを聞《き》いた南条家の人々は、衣類《いるい》や食《た》べ物《もの》などを身延へお届《とど》けし、大聖人さまに精一杯《せいいっぱい》の御供養《ごくよう》を何度《なんど》もされています。

翌年《よくねん》の正月《しょうがつ》、大聖人さまは兵衛七郎殿の墓参《ぼさん》のために日興上人《にっこうしょうにん》さまを上野の南条家に遣《つか》わされました。時光殿は、これを縁《えん》として日興上人さまに数々《かずかず》の教《おし》えをいただくようになり、ともに富士地方《ちほう》の折伏《しゃくぶく》に励《はげ》まれました。その結果《けっか》、多くの僧侶《そうりょ》や農民《のうみん》たちが誤《あやま》った教えを捨《す》てて正しい信心をするようになっていったのです。

富士下方《しもかた》（現在の静岡県《しずおかけん》富士市）での折伏が進《すす》んだ結果《けっか》、農民信徒《しんと》が迫害《はくがい》にあった熱原法難《あつわらほうなん》が起《お》こりました。

時光殿は、大聖人さま、日興上人さまの指示《しじ》を受《う》けて、この法難によって苦しめられている僧侶《そうりょ》や信徒たちを命《いのち》がけで守《まも》り抜《ぬ》きました。大聖人さまは、時光殿の活躍《かつやく》に深《ふか》く感激《かんげき》し、「上野賢人《けんじん》」という称号《しょうごう》を贈《おく》られています。

数々《かずかず》のお手紙《てがみ》をいただく

弘安《こうあん》五（一二八二）年、二十四歳《さい》の時光殿《ときみつどの》は突然《とつぜん》重《おも》い病気《びょうき》になってしまいました。時光殿を心配《しんぱい》された大聖人《だいしょうにん》さまはすぐさま病気快復《かいふく》のご祈念《きねん》をなさるとともに、「病気に負《ま》けずに信心《しんじん》に励《はげ》みなさい」といった内容《ないよう》のお手紙《てがみ》を送《おく》られています。このほかにも、純真《じゅんしん》な信心を貫《つらぬ》いた時光殿は、大聖人さまから数多くのお手紙をいただいています。これらは、私たちの信心を励ましてくださる、とてもありがたい大聖人さまのお言葉として今に伝《つた》わっています。

弘安五年十月十三日、大聖人さまは武州池上《ぶしゅういけがみ》（現在《げんざい》の東京都大田区《とうきょうとおおたく》池上）においてご入滅《にゅうめつ》になられましたが、時光殿はかけつけて葬儀《そうぎ》に参列《さんれつ》しています。また、日興上人さまがご遺骨《いこつ》をお持《も》ちして身延《みのぶ》にお帰《かえ》りになる途中《とちゅう》、南条家《なんじょうけ》に泊《と》まられたのもその深《ふか》い信心の縁《えん》によるものでしょう。

大聖人さまご入滅後も、後継者《こうけいしゃ》である日興上人さまにお仕《つか》えし、七年後の正応《しょうおう》二年、身延《みのぶ》を離山《りざん》された日興上人さまを自《みずか》らの領地《りょうち》へとお迎《むか》え申《もう》し上《あ》げました。

時光殿は大石寺《たいせきじ》ができたあとも、日興上人さま、

大行尊霊墓（静岡県富士宮市）

第三祖《だいさんそ》日目上人《にちもくしょうにん》さまをお護《まも》りして信心に励み、元弘《げんこう》二（一三三二）年五月一日、安《やす》らかに七十四歳の生涯《しょうがい》を閉《と》じました。

外護《げご》の精神《せいしん》

大聖人《だいしょうにん》さまの仏法《ぶっぽう》を正しく伝《つた》え、弘《ひろ》めていくには、「内護《ないご》」と「外護《げご》」が大切《たいせつ》です。

「内護」とは、教団《きょうだん》の内側《うちがわ》から法《ほう》を護《まも》るという意味《いみ》で、御法主上人猊下《ごほっすしょうにんげいか》さまをはじめとするご僧侶方《そうりょがた》が正法《しょうぼう》を誤《あやま》りなく伝えていくことをいいます。

これに対《たい》して「外護」とは、外側《そとがわ》から正法《しょうぼう》を護るという意味で、信徒《しんと》がそれぞれの仕事《しごと》に励《はげ》み生活《せいかつ》をしながら、さまざまな御供養《ごくよう》をもって広宣流布《こうせんるふ》のお手伝《てつだ》いをしていくことをいいます。

時光殿《ときみつどの》は、大聖人さま、日興上人《にっこうしょうにん》さまにお仕《つか》えして折《しゃく》伏《ぶく》に励み、広宣流布《こうせんるふ》の中心地である総本山大石寺《そうほんざんたいせきじ》を御供養するなど、「外護」に努《つと》めた一生を過《す》ごされました。

私たちも時光殿の信心姿勢《しんじんしせい》を鑑《かがみ》として、総本山とそれぞれの末寺《まつじ》をお護りして、広宣流布達成《たっせい》のために折伏に励んでいきましょう。

Q.丑寅勤行《うしとらごんぎょう》ってな〜に？

A

猊下《げいか》さまの大導師《だいどうし》のもと、総本山客殿《そうほんざんきゃくでん》で午前《ごぜん》二時半《じはん》から行《おこな》われる勤行《ごんぎょう》のことです

第二祖日興上人《だいにそにっこうしょうにん》さまが第三祖日目上人《だいさんそにちもくしょうにん》さまに与《あた》えられた『日興跡条々事《にっこうあとじょうじょうのこと》』に、

「勤行《ごんぎょう》を致《いた》して広宣流布《こうせんるふ》を待《ま》つべきなり」

（御書《ごしょ》一八八三ページ）

とあります。

丑寅《うしとら》勤行は、大石寺《たいせきじ》が建《た》てられた約《やく》七百三十年前の日興上人さまの時代《じだい》から、一日も休《やす》むことなく続《つづ》けられている勤行です。

猊下《げいか》さまは毎日《まいにち》、私たちが眠《ねむ》っている早朝《そうちょう》に勤行をされて、世《よ》の中のみんなが信心《しんじん》をして（広宣流布《こうせんるふ》）、平和《へいわ》に暮《く》らせるよう、ご祈念《きねん》してくださっているのです。

「丑寅」という字はとてもむずかしいですが、どのような意味《いみ》があるのか、これから説明《せつめい》していきます。

丑寅《うしとら》は時間《じかん》をあらわす

はじめに、丑寅《うしとら》とは時間《じかん》をあらわします。

おぼえたい ことば

広宣流布《こうせんるふ》

今は時間を数字《すうじ》であらわしますが、昔《むかし》はこれを十二支《し》であらわしていました。みなさんも知《し》っている、子《ね》・丑《うし》・寅《とら》・卯《う》・辰《たつ》・巳《み》・午《うま》・未《ひつじ》・申《さる》・酉《とり》・戌《いぬ》・亥《い》のことです。

このなかで、丑の刻《こく》（時間）は夜中の一時から三時まで、寅の刻は三時から五時までのことをさしています。

夜中の一時はまだ真《ま》っ暗《くら》です。そして、五時ごろになるとだんだんと明るくなってきて、起《お》きる時間が近《ちか》づいてきます。つまり、この時間は暗闇《くらやみ》から明るくなる時、眠《ねむ》りから覚《さ》める時、そ

時刻図

のちょうど移《うつ》り変わりの時が「丑寅」の時刻《じこく》なのです。

仏法《ぶっぽう》では、丑寅の時刻は「三世諸仏成道《さんぜしょぶつじょうどう》の時」といって、仏《ほとけ》さまが悟《さと》りを開《ひら》く特別《とくべつ》な時刻とされています。大石寺《たいせきじ》ではこの時刻に合《あ》わせて、広宣流布《こうせんるふ》を願《ねが》い、毎朝《まいあさ》、丑寅勤行《ごんぎょう》が行《おこな》われているのです。

丑寅勤行《うしとらごんぎょう》ではなにをするの？

丑寅勤行《うしとらごんぎょう》では、五座《ござ》の勤行をします（私たちの朝の勤行は丑寅勤行の形式《けいしき》によっています）。

勤行はもともと、昔《むかし》の大石寺《たいせきじ》にあった五つの建物《たてもの》をそれぞれ移動《いどう》し、座《ざ》を移《うつ》してお経《きょう》が行《おこな》われていましたが、現在《げんざい》は一カ所で五回（五座）のお経を読《よ》みます。

ところで、みなさんは丑寅勤行に参加《さんか》したことはありますか？　参加したことのある人は知《し》っていると思《おも》いますが、客殿《きゃくでん》の御本尊《ごほんぞん》さまに向《む》かっての勤行を終《お》えてから、猊下《げいか》さまは左側《ひだりがわ》の遥拝所《ようはいじょ》に移り勤行をされていますね。これは、奉安堂《ほうあんどう》の大御本尊《だいごほんぞん》さまに対《たい》して、遠《とお》く離《はな》れた場《ば》所《しょ》から毎朝勤行をされているのです。これを遥拝といいます。その後《ご》、猊下さまは六壷《むつぼ》において勤行され、丑寅勤行のすべてが終《お》わります。

私たちも毎日、広宣流布《こうせんるふ》を祈《いの》って朝の勤行をしっかり行っていきましょう。